守護霊インタビュー

都知事 舛添要一 マスコミへの反撃

RYUHO OKAWA
大川隆法

まえがき

東京都知事の舛添要一氏が、政治資金問題で、突如、マスコミの集中砲火を浴びている。

「説明責任を全く果たしていない」「政治資金を使ってせこくてずるいことを繰り返してきたのではないか」「このままでは身を引くしかない」などの意見が続出している。

新聞、テレビ、週刊誌などで細々と報道されていることには、あまり私の関心はない。本書では、主として、「政治家 対 マスコミ」「政治家の資質とは何か」「都知事外交 対 官邸外交」「オリンピック問題」などを底流に問題意識を持って、一書を編んでみた。

ゴシップだけで都知事の適否を判断せず、本質論に迫りたいと思う。

二〇一六年　五月二十一日

幸福の科学グループ創始者兼総裁
幸福実現党創立者兼総裁　大川隆法

守護霊インタビュー　都知事　舛添要一、マスコミへの反撃　目次

守護霊インタビュー
都知事　舛添要一、マスコミへの反撃

二〇一六年五月二十一日　収録
東京都・幸福の科学 教祖殿 大悟館にて

「霊言現象」とは、あの世の霊存在の言葉を語り下ろす現象のことをいう。これは高度な悟りを開いた者に特有のものであり、「霊媒現象」(トランス状態になって意識を失い、霊が一方的にしゃべる現象)とは異なる。

また、人間の魂は原則として六人のグループからなり、あの世に残っている「魂の兄弟」の一人が守護霊を務めている。つまり、守護霊は、実は自分自身の魂の一部である。したがって、「守護霊の霊言」とは、いわば本人の潜在意識にアクセスしたものであり、その内容は、その人が潜在意識で考えていること(本心)と考えてよい。

なお、「霊言」は、あくまでも霊人の意見であり、幸福の科学グループとしての見解と矛盾する内容を含む場合がある点、付記しておきたい。

守護霊インタビュー
都知事　舛添要一、マスコミへの反撃

二〇一六年五月二十一日　収録

東京都・幸福の科学　教祖殿　大悟館にて

舛添要一（一九四八〜）

政治学者、政治家。北九州市出身。東京大学法学部卒業後、助手を経て東京大学教養学部助教授となる。やがて退官して評論家となり、さまざまな著作を発表するとともにテレビ番組にも多数出演。また、認知症の実母の介護体験手記を発表し、反響を呼ぶ。二〇〇一年、自民党から参院選に出馬しトップ当選。安倍、福田、麻生内閣では厚生労働大臣を務める。その後、自民党を離党し、新党改革代表。同代表辞任後、二〇一四年東京都知事選挙に無所属で出馬し当選。

質問者　※質問順

里村英一（幸福の科学専務理事〔広報・マーケティング企画担当〕兼 HSU講師）

綾織次郎（幸福の科学常務理事 兼「ザ・リバティ」編集長 兼 HSU講師）

立木秀学（幸福の科学理事 兼 HS政経塾塾長 兼 HSU講師）

［役職は収録時点のもの］

1　渦中の舛添都知事の守護霊から「弁明」を聞く

二日連続で「ＳＯＳ」を言いにきた舛添氏守護霊

大川隆法　おはようございます。東京都知事の舛添要一さんが、ご存じのとおり、今、新聞・テレビ・雑誌等でいろいろと集中砲火を浴びているようです。

私どもも、今から二年あまり前の二〇一四年一月ごろ、都知事選の前あたりに、『舛添要一のスピリチュアル「現代政治分析」入門』（幸福の科学出版刊）という守護霊霊言を出したことがあり、一回、守護霊としてご登場いただいているので、まったく無関心というわけにもいかないかとは思っています。

『舛添要一のスピリチュアル「現代政治分析」入門』（幸福の科学出版刊）

昨日（二〇一六年五月二十日）の朝ぐらいから、舛添さんの守護霊が「何か言わせてほしい」ということで来ていたのですが、ほかにも、「何か言いたい」という霊人が十人ほど来ていたのです（笑）。

「これではたまらない」と、昨日はとにかく逃げ切り、「翌日になったら数が減るだろう」と思って、今朝を迎えたわけですが、やはり、舛添さんの守護霊が朝から頑張っているので、「昨日も一番に出てきたし、二日連続で来るのなら、まあ、言いたいことは言わせてあげないといけないのかな」と思いました。

幸福の科学に多少の親近感を持っておられるのかもしれませんが、「ＳＯＳ、助けてくれ」ということで、夜も眠れない状況であろうかと思います。

このように、権力のある地位に就くということは、うらやましいことでもあろうけれども、攻撃されたり、いろいろなことをつつかれたり、公開されたりすることでもあるわけです。

私たちも、今、政治のほうにも少し手を出していますが、幸福実現党は、まだそれほど大した快進撃をしていない段階であるために、甘く見てくれている面もあるのかもしれません。しかし、いずれ、数が増えたり、政局に影響が出てきたり、あるいは大臣や総理大臣が出てくるようなことになれば、これと同じような厳しいチェックを受けなければならなくなるでしょう。

そこで、そういうことの予習も兼ねて、「政治家の資質」あるいは「政治とマスコミの攻防戦」等について、予備知識的に勉強しておいても悪くないのではないかと思います。

〝突然に〟始まった舛添氏へのマスコミ攻撃

大川隆法　今回の舛添都知事へのマスコミ攻撃も、〝突然に〟始まったような雰囲気ではありましたね。それほど予兆はなかったのですが。

里村　はい。

大川隆法　「公用車で毎週末、湯河原（ゆがわら）にある別荘まで通っている」という報道が週刊誌に出たあたりから、各社一斉に飛びついて、ガーッと広がっていった感じだと思うのです。

こういう場合は、金曜日の夜、湯河原まで送らされる運転手の帰りが遅くなりますので、そのあたりの不満が出たか、その家族等から出たか、あるいは、その近所にいる人、愚痴（ぐち）を聞くような立場にいる人あたりから、週刊誌に電話ないしメールないし投書が一つあれば、必ず取材をするでしょう。それが記事になって、新聞の広告に載ったとなれば、「ほかのところも一斉にかかっていい」という合図となり、バーッと広がるのでしょう。

里村　なるほど。

大川隆法　このあたりの法則性があるとはほとんど言えないものの、タイミングが悪く、ほかのネタがあって忙しいときには無視されて消えてしまうのでしょうし、タイミングがよく、ちょうど〝夏枯れ〟で書くことがない時期だったら、「ワッと来る」のでしょう。

まあ、何と言いますか、ある意味では、庶民の日ごろの不満のようなもの、本当は、与党ないしは総理大臣にぶつけなければいけない経済的な不満の部分を、ちょっとガス抜きに、都知事のほうに持ってきているように見えなくもありません。まあ、〝策士〟がいるのかどうかは、私には分かりませんが。

里村　はい。

大川隆法　個人的な投書風のもので、身近な人とか、秘書とか、何らかの事情を知る人が言ったものが載ることは多いのでしょう。

もしくは、もう少し大きな目で見れば、去年、霞ヶ丘（かすみがおか）の国立競技場のところに、三千億円近くかけてオリンピック用の本会場をつくろうとしていたことに対し、都知事の立場で文科省等をかなり批判していました。それもあって、半額に抑え、設計者も降ろして、一千億円台まで下げたわけです。

もし、オリンピックを主催するのが国政の側、あるいは官庁の側というように考えたならば、「舛添はケチなやっちゃな。ケチ舛添キャンペーンを張ってやろうか」という〝策士〟がいた可能性も、ないわけではありません。

里村　うーん。

大川隆法　そうすると、去年の意趣返し（いしゅがえし）というかたちになるかもしれません。一連の記事を見れば、「おまえがケチなのは、これでよく分かるだろうが」ということですね。

ですから、「本当は、(新国立競技場の)設計変更に対して、まだ異議のある方などがいる可能性もあるのかもしれない」というのが一つです。

「舛添批判の動き」は低迷する国の景気浮揚策の一環?

大川隆法　それと、今、消費税上げもままならないほどに、国の景気が低迷してきているということもあるでしょう。伊勢志摩サミットが近づいてきていますけれども、事前に安倍さんがヨーロッパのほうへ行って財政出動の必要性を説いてきたぐらいなので、やはり、これは、かなり景気が悪いと見て、「財政出動をしませんか」と、みんなで言おうとしているような感じがします。

それで行くと、去年、せっかく、国のほうがケインズ経済学的に三千億円も使って、世界一立派な競技場をバーンとつくろうとしていたのに、舛添さんが都知事の分際でケチって削ったなどというのは越権なので、「このへんでお仕置きしておくことで、政局をもう少しバブリーな感じに持っていきたい」というようなことがあるのかもしれません。

これと反面、今、かなり人工的ではありますが、田中角栄ブームのようなものが起きていますので、「日本列島改造論」までは行かないにしても、「もうちょっとバッと金を撒けるような雰囲気がつくれないか」という感じでしょうか。

そのへんの考えと、舛添さんのやっていることとを対比させているようにも見えます。

いずれにしても、（舛添氏守護霊から）「何か〝援護射撃〟をお願いしたい」という意図を受けたのですけれども、外遊費が適切か、ホテルの格が都知事にふさわしいか、飲食の支出等はどのように分けられるべきだったのか、あるいは、ガソリン代は公費であったのか、私費であったのかなど、私もよくは分かりません。

細かい具体的案件については、私も分からないので、何も力にならない可能性はあるのですが、多少は「政治の本質論」に入れるかもしれないし、「今後の教訓」として何か抽出できるものがあれば、使えるかもしれないとは思っています。

直接投票で選ばれる都知事に対する国会議員の嫉妬？

大川隆法　まあ、あわよくば都知事を辞めさせたいのでしょうし、悪くとも一期で辞めさせて、オリンピック本番は、自民党あたりから出た都知事に替えてやろうという気持ちも、多少、感じなくはありません。やはり、「舛添さんにやらせたくない」という嫉妬心もあるのではないかと思うのです。

里村　うーん。

大川隆法　国会議員、大臣クラスでも、都知事にはけっこう嫉妬心があるように聞いていています。ポストとしては、「東京都知事は、大臣三つ分ぐらいの値打ちがある」と言われています。

それから、東京都知事の選び方が、いわゆる大統領制のように、都民から「直接」選ばれて就任しているのに対し、総理大臣は、「直接」ではなく「間接民主制」で選ばれたものです。国会議員のなかから、さらに選ばれて就任するので、国民的人気があったとしてもなれない人がいる一方で、党を押さえられる力とか、票をまとめる力があるような人はなれることもあります。

ですから、「首相になれても、都知事にはなれない」という説は昔からあるのですね。

里村　うーん。

大川隆法　最近出した小渕さんの霊言（『小渕恵三元総理の霊言』〔幸福実現党刊〕参照）でも、「小渕さんは、首相にはなれても、東京都知事に立候補したら落ちる」と言われていたことに対し、「悔しい気持ちはあったものの、そうかもしれない」というようなことを言っていました。人気で直接投票をされると、入らないかもしれないと思ったのでしょう。

今は、首相経験者でも、人気が取れるかどうかによって、都知事に当選しそうな人と、しそうでない人とがいるでしょう。

舛添さんは、自民党にいたときにも、二十パーセント以上の支持率を得て、次の総理としての期待ナンバーワンになっていたときもあったと思います。

そういうところで、水面下では、若干、政治家の嫉妬の部分があるのかもしれないという気もします。

記者会見で十分に本音を語れなかった舛添氏の真意を探る

大川隆法　それから、マスコミのチェック基準等も、もう一回こちらで見直してみたいという気持ちもあります。

『小渕恵三元総理の霊言』
（幸福実現党刊）

当会も、宗教としては、すでに、マスコミにかなりやられたことがありますが、次は政治のほうでもやられる可能性があるかと思います。

これについては、はっきりとしたルールがあればよいのですが、政治家に対する攻撃に関しては必ずしも罪刑法定主義ではなく、時事問題的に国民の感情を煽(あお)れば、必ず罪にできるところはあるので、このへんはどうなのかというところもあります。

本人は、記者会見で、「第三者によって厳しくチェックしてもらいます」というような言い方で、自分のコメントをできるだけ避ける感じで話していて、昨日の会見等でも二時間十五分を逃げ切り、本音を語らなかったようです。

里村　はい。

大川隆法　本当は言いたいこともあると思われるのに、「本音を語らない舛添さん」、それから「本音を語らせられなかったマスコミ」、その両方に「悔しさ」があると思います。

そこで、今日は「守護霊霊言」というかたちで行いますが、分かりやすく言えば、「本人の潜在意識にアプローチをかけ、言いたいことを引っ張り出す」ということです。

霊的なものについて理解が十分ではない方のために言うとするならば、例えば、催眠術をかけて、しゃべらせてみたら、腹の底で思っていることを話し始めるようなものだと考えてくだされば結構です。そういうものにアプローチをして呼び出すことができるという、独特の宗教的手法を持っているので、宗教ジャーナリズム的な側面があるのです。その面で、多少は聞けるのではないかと思っています。

同じく攻撃された、猪瀬直樹氏と石原慎太郎氏

大川隆法　ただ、東京都知事に関しては、最近、少し「嫌な感じ」は続いています。

前回、猪瀬（直樹）さんも、無事に行くのかと思っていたら、「五千万円の献金

を受けているのに（報告書に）記帳していなかった」とかいうことがありました。「これは借りただけで、返したのだ」ということだったので、そうであれば、差し引きゼロなのでしょう。ところが、「記帳しなかったとは、けしからん」というぐらいのことで、本人があっさりと知事を降りてしまったのです。

あまりにもあっけなかったので、後々（あとあと）も、そうしたことが残っていくのかどうか、気になるところではあります。

ただ、確かに猪瀬さんのように作家であったり、舛添さんのように学者出身だったりした場合、お金の処理の仕方や、組織運営についての「詰め」などには、やはり隙（すき）が出るので、どうしてもボロは出るでしょう。

もちろん、そのボロが表に出てくるにしても、「それが必然的に出たのか」、あるいは、「ほかに意図があって、その人を降ろすために、あえて狙っているのか」、このへんは分かりません。しかし、猪瀬さんのときも、何か〝すっきりしない感じ〟はありました。

なお、石原（慎太郎）さんも、人気があったので長くやりましたが、彼が、都知事に初当選して、登場したときに、私の記憶によれば、確か、こんなことがありました。

雑誌名は忘れましたが、都庁に登庁した日に、「前日に、愛人宅に泊まり、そこから堂々のご出勤」というような記事が載ったのです。写真雑誌系だったのではないかと思うのですが、バーンと抜かれて、新聞広告にバサッと載せられた感じがありました。

知事就任の当日だったか翌日だったかはよく覚えていませんが、知事になるや否や、いきなり、そういうことをされていたのです。私としても、「一日で辞めさせる気かな」というぐらいの感じを受けましたし、「マスコミというのは怖いなあ」と思ったことを覚えています。

ただ、石原さんも、肝は据わっているのでしょう。「前日に別のところに泊まって、そこからご出勤」と週刊誌に載せられても、そのあと、黙って平然としてやっておられました。

もしかしたら、「俺ぐらいの実力があれば、そんな、女の問題なんか関係ねえ」という感じで、啖呵を切れるぐらいの自信はあったのかもしれません。まあ、普通、学者系では、こういうのは少ないのですけれども。

いずれにしても、「本論から攻めずに、周りから攻めていって落としていく」というやり方は、常套手段ではあるのですが、一般の人は、このあたりの現象を、新聞やテレビで見たらそのまま受けてしまうでしょう。

やはり、私たちは、「プロ的な見方」で分析し、今後に備えておかなくてはいけないと思います。

東京都知事・舛添要一氏の守護霊を招霊する

大川隆法　なお、同じような質問をぶつけられて、（舛添氏守護霊が）答えられるかどうかは分かりません。ただ、今日の質問者は、各国の元首脳や、今の首脳の守護霊、さらには、亡くなった霊にまで取材している方々であり、手慣れてはいると思います。ひとつ、アプローチをかけてみてください。

もしかしたら、〝お助け〟になることもあるでしょう。あるいは逆に、本音が出すぎて、「援護の余地なし」になってしまうかもしれません。

ただ、前回の〝守護霊出演料〟は特に払っていないので、もう一回ぐらい追加でやってもいいかなとは思っています。

里村　はい。

大川隆法　（質問者に）慣れておられるでしょうけど、マスコミ的には、やはり、やってみたいですか。

里村　（笑）

綾織　まあ、（舛添氏は）いちばん苦しいときですから。

大川隆法　苦しいときですよね。これは、夜も寝られないでしょう。

里村　はい。

大川隆法　なんか私も、朝から体がガチガチです。（舛添氏の守護霊が）ずっといたからかもしれないのですが、顔もこわばってしまって、筋肉から何から、張って張ってしかたがありません。おそらく、向こう（舛添氏本人）も、この状態だろうとは思います。

里村　はい。

大川隆法　それでは、少し聞いてみましょう。会見などで本音が言えないところを、多少なりとも、守護霊が何か言うかもしれません。

ただ、守護霊が言うことであれば、法律的責任は特にないでしょう。また、政治的責任も、公開の場で問うのは、かなり厳しいと思いますので、イメージ的な部分で、「責任があるか」あるいは「言い分が通るか」といった感じぐらいにしかならないとは思いますが、とにかく、やってみましょう。

里村　よろしくお願いします。

大川隆法　それでは、東京都知事の舛添要一さんの守護霊をお呼びします。現在、周りから攻められていると思いますけれども、ご本心の反論、ご本人の反論等をお聞きできれば幸いかと思います。

舛添要一さんの守護霊よ。
舛添要一さんの守護霊よ。
どうぞ、幸福の科学　教祖殿　大悟館に降りたまいて、そのご本心を語りたまえ。
お願いします。

（約十秒間の沈黙）

2 「針のむしろだ」と嘆く舛添氏守護霊

舛添要一氏の守護霊が、大川隆法を訪ねてきた理由

舛添要一守護霊　ああ……。

里村　おはようございます。

舛添要一守護霊　もう昨日も、何回、頭下げたか分からないよ、私。

里村　ええ。

舛添要一守護霊　バッタみたいになってきて、もう腰にきましたねえ。

里村　あのー、舛添都知事の守護霊様でいらっしゃいますか。

舛添要一守護霊　そう、そう。ああ、そう、そう、そう。ちょっと自己紹介しないと。

里村　守護霊様も、今、ちょっと腰が痛いのですか。

舛添要一守護霊　いや、あんなに頭下げるのは久しぶりだな。もう、髪の毛がねえ、君みたいに豊かではないもんだからさ。

里村　いえいえ（笑）。

舛添要一守護霊　あんまり、（頭の）〝頂点〟は見せたくはないんだよ。そんなに見せたくないんだけど、何回も何回も。いやあ、学者も頭下げるのは得意でないしね。まあ、政治家も威張りたい人は多いからさ。下げるのはつらいなあ、選挙のとき以外は。

里村　まあ、ご心労を察するに余りあるんですけれども。

舛添要一守護霊　うーん。助けてくださいよ、あんたの弁舌で。

里村　いえいえ。昨日の会見では、なかなかおっしゃりたくても、おっしゃれないところもありましたでしょうし。

舛添要一守護霊　まあ、うーん。

里村　私どもも、ちょっと報道のあり方を見ていまして、「どうかな」と思うところもいろいろとございます。

舛添要一守護霊　ああ、そうお？　うん、うん。

里村　そういう部分を、ぜひ、今日、都知事の守護霊様から、さまざまにお話をお伺いしたいと思います。

まず、昨日と今日と、大川総裁のところに来られているんですけども、なぜ、ここに来られているんでしょうか。

舛添要一守護霊　いやあ、まあ、擁護論を、今のこの客観的情勢で……。まあ、これ、城攻めで言えば、もう十重二十重に取り囲まれた情勢ですねえ。秀吉軍二十万に囲まれた、北条の小田原城みたいなもんですから。もう、これ、どうしようもないんですが（笑）。こんなとき、へそ曲げて、マスコミに一言ぐらい言ってくださるのは、ここぐらいしかないので。

里村　ああ。

舛添要一守護霊　もしかしたら断られるかもしれないけど、もしかしたら、何か痛烈な一撃を加えてくれるかもしらんという気持ちもあってですね。まあ、心ならずも、ちょっと頼ってきてるわけでございまして。

里村　ええ。

舛添要一守護霊　君たち、「人を助ける」のが仕事なんでしょ？

里村　まあ、宗教団体ですので、人助けは……。

舛添要一守護霊　そうだよね。そうだね、そうだね。

里村　ただですねえ……。

舛添要一守護霊　エへへへへ（笑）。政治家は別か？

里村　まあ、場合によっては、いろいろと反省を求めることもございます。

舛添要一守護霊　だからねえ、〝連帯保証人〟になるのが、やっぱり嫌なんだ。

里村　いやいや（笑）、無条件に連帯保証人になるっていう考えではないんですけれども。

舛添要一守護霊　いや、「借金払え」と言ってるわけじゃないけどもね。

「嫌な世の中だ」と語る舛添氏守護霊

里村　ただですね、やっぱり、「盗人にも三分の理」ではないですけども……。

舛添要一守護霊　「盗人」なんて、全然そんなことないよ。

いやあ、君ら（の立場）は、裁判官、裁判官。最高裁の、三人でやる小法廷での。君らから見て、「いやあ、舛添さんは正義だ。これは、お咎めなしだ」と言ってくれればさあ、他のマスコミに対しても、何かグッと〝権威〟が出るじゃないか。

里村　それはですね、われわれがジャッジを下すのではなくて……。

舛添要一守護霊　いやあ私は、君らは最高裁の判事ぐらいの資格があると思うなあ。

里村　いえ、都知事の守護霊様のお言葉を聞いて、あとは、それを周りの方々が、どう判断するかという問題です。

舛添要一守護霊　まあ、嫌な世の中だよねえ。ほんっとなあ。いや、自分だって、やられたくないでしょ？　お互いなあ。

里村　いやあ、ほんとに、そうですね。

舛添要一守護霊　君なんかさあ、マスコミと飲み食いしてんじゃないか？　そのうち、怪しい領収書が出てくるんじゃないの？

里村　いえいえ。出てきません。

舛添要一守護霊　「これは、宗教家がマスコミと会っていて、いい場所だろうかねえ。これ調べてみますと、『〇〇株式会社』ってなってるけども、いわゆるあれですよねえ。ピンクですよね」とか言って、やられない？

里村　都知事、今日は私の〝あれ〟を掘る場面ではございませんので。

舛添要一守護霊　ああ、そうか、そうか。それを言ったら逆効果。逆効果だ。やめよう、やめよう。

里村　そうすると、今は、どちらかというと周りには、都の職員とか事務所の方とかを含めて、なかなか味方というか……。

舛添要一守護霊　うーん……、針のむしろですよ、それは。針のむしろですよねえ。まあ、「どっちでもいい」と思ってると思いますよ。

里村　どっちでもいい？

舛添要一守護霊　いやあ（笑）、ほんと、正直言って冷たいですよ。だから、議会もそうだろうし、都の職員だって「都知事なんて誰でも一緒だ」っていうふうに、たぶん思ってる（笑）。

3 「私を気に入らない人は、いっぱいいる」

今回の出来事は、どこかに仕組まれたのか

綾織　あるいは、「誰かに仕組まれてるなあ」という感じは持っていらっしゃいますか。

舛添要一守護霊　うん。その感じは、ある。あるけども、まあ、日本って、暗黙のルールで、見えないところで連携する場合があるんでねえ。

だから、サッカーのパスみたいな感じでね、パッパッとパスしながら、ゴールをかけてくる。

5月13日に開かれた定例会見のなかで、政治資金問題についての質問を受ける舛添要一知事。

綾織　どこが、連携していると思われますか。

舛添要一守護霊　やっぱり、「オリンピック関連のが、いちばん多いかなあ」とは思ってるんですけどね。仕掛けるとしたらねえ。

里村　はあ。

舛添要一守護霊　だから、政治家のなかには、自分が当選することばかりを考えてる人も多いけども、「自分が当選するよりも、ほかの人を罠（わな）にかけて落とす」っていうのを、やっぱり、経験のある人がいっぱいいるからね。まあ、そういうのを、やれる人もいるから。そういうことができる人もいるからね。

里村　まあ、競技場のお金の問題、それから、デザインの問題、シンボルマークの問題など、この間、異常なほどトラブルが続いていました。

舛添要一守護霊　そうですねえ。

で、まあ、（伊勢志摩）サミットがあって、次、参議院選があるんでしょう？　自民党は、まあ、公明も含めてかもしらんけど、与党としては、何か「追い風」が欲しいし。

里村　はい。

舛添要一守護霊　自分たちが失点を攻められるのが嫌だから、これをちょっと〝お振り替え〟したいっていう気持ちもあるんじゃないかなと思うんだよなあ。

だから、官邸サイドのマスコミ操作の一環でね。例えば、「ちょうどいいネタが見つかった」という報告が上がるじゃない？　そうしたら、「マスコミも、舛添を一カ月ぐらい叩いてくれれば、こちらに攻撃してる暇がなくなるから」ということで、ちょうど獲物にする。まあ、スケープゴート（生贄・身代わり）だよな。

だから、私も元自民党で、大臣もしたことはあるけど、スケープゴートにしてしまえば、自民党そのものへの批判が、かなり薄らぐじゃないですか。

里村　うん、うん、うん、うん。

舛添要一守護霊　まあ、「このへんを狙ってるかなあ」っていう。

綾織　「官邸が動いている」というのは……。

舛添要一守護霊　それは、そうでしょう。それは、そうだよ。

綾織　そうなんですね。

舛添要一守護霊　いつも、やってるじゃん。いつも、マスコミ統制をかけてるもん。「マスコミを思うように動かす」っていうのを、一生懸命やってるから。だから、私を気に入らない人はいっぱいいると思うよ、首相以下ね。

綾織　首相以下。

舛添要一守護霊　うん。面白くない。
　要するにねえ、今の首相もね、外交が、〝いちばんの売り〟だから。ほんとは、外交をいちばんやりたいとこだけど。

里村　はい。

舛添要一守護霊　だから、本格派の、国際政治学者出身の都知事がさあ、外交をちょっと派手にやりすぎる、と。

まあ、金銭的には三倍以上？　従来から見りゃ、三倍以上、外交系というか、外国に出張してやってるから、それを、「そんなに必要があるか」と。

里村　うーん。

舛添要一守護霊　「東京都で、おまえはドメスティック（国内）だ。東京都に張りついとりゃあいいのに、ええ格好して回ってる」と。

里村　うん。

舛添要一守護霊　何か、これ見よがしにやってるように見えるっていうかな。このあたりが、つつきたいところがあるんじゃないか。外交で点数を稼(かせ)ぎたいんだからさ。

里村　うーん。

舛添要一守護霊　だから、「都知事は、首相じゃないんだからさ」って。まあ、そのへんの、(私が)首相候補ナンバーワンだったところへの恨みが、やっぱりあるんじゃないかねえ。

里村　なるほど。

舛添要一守護霊　けっこうねえ、まあ、女性差別したら怒られるけど、「腐れ女の恨み言」みたいなところがあるのよ、政治家って。

「政治の上層部は、ライバルの情報収集を、いつもやっている」

里村　今、「官邸筋」というお言葉が出ましたけども。

舛添要一守護霊　うん。

里村　二〇〇七年になりますが、舛添都知事が、第一次安倍内閣で厚労相をやってるときには、いわゆる、「消えた年金問題」というものが起きていました。どうも、安倍さんが総理のときに、妙な問題に巻き込まれる……。

舛添要一守護霊　いや、都知事になる場合には、自民党や公明党も、いちおう応援

●「消えた年金問題」　2007年5月、国民年金などの年金記録に納付記録漏れが発覚し、年金記録の確認作業が進められたが、その過程で、年金保険料の横領の実態が明らかになった。当時、厚生労働大臣だった舛添氏は、年金記録確認第三者委員会を設けるなどして対応した。

してくれてたことにはなってはおるんだけどね。

ただ、自分らに都合のいいときは利用できるし、都合が悪くなったら、「自民党でない」ということで、トカゲの尻尾切り風に使えるぐらいに思っているとこはあったかなあとは思うんだよね。

だから、今はちょっと、オリンピックに対しては、そうとう執念を官邸は持ってると思うんですよ。やっぱり、「自分らの手で東京オリンピックをやりたい。そこまで延命したい」という気持ちを持ってるから。

里村　はい。

舛添要一守護霊　だから、都知事のほうが頑張ってると、まあ、官邸の側っていうか、政治の側が替わったって、「都知事が頑張ってオリンピックを成功させてしまえば、いけるように見える」じゃない。

里村　はい。

舛添要一守護霊　やっぱり、「外交に対する越権」っていうかなあ。まあ、そんなところが見えてんじゃないかなあ。

里村　前回の猪瀬知事も、なかなか剛腕(ごうわん)でいらっしゃったんですけど。オリンピック招致を決めて、ものすごくスポットライトを浴びたのに、瞬く間に数カ月で、例の徳洲会(とくしゅうかい)からの五千万円の問題が出て、辞めてしまわれたんですよね。

舛添要一守護霊　やっぱりねえ、スポットライトを浴びるのでも、嫉妬が来るわけでね。

それは、本人の意図してやったもんではなかったかもしれない。たまたまなのかもしらんけど。「そういう、〝おいしいもの〟は、こちらのほうが受け取りたい」っていうのが、やっぱりあるからねえ。

里村　はい。

舛添要一守護霊　だから、普段から、そういう情報をいっぱいつかんでるのよ。「徳洲会（とくしゅうかい）から、五千万もらってる」とか、いろいろつかんでるんだけどね。そういう、「普段は持ってて、出ないやつ」が、「ここぞというときに、ちゃんと出る」ように使うわけよね。

里村　うーん。

舛添要一守護霊　だから、そういう関係筋から出る場合もあるけども、実は、政治の上層部のほうでは、「ライバルに当たるような人たちの情報収集」は、いつもやってるので。警察筋や公安筋、あるいは、内閣の調査関係。まあ、ＣＩＡとはまだ行かないけど、それに近いものを持ってるからさあ。常に、各個人の（情報）を、ずうーっと持ってるわけよ。だから、それは大川隆法だって調べられてるぞ、当然。当然、調べられて、もう持ってるわけだから。

それは「持ってて、普段は使わない」で、「ここぞというときに、必要なときに、ポンッとリーク」すればね。あるいは、直接出せなけりゃ、「第三者を介して出せば」一緒でしょ。そうやれば、〝狙える〟わな。

まあ、そういうことで〝使う〟んですよ。

4 「舛添バッシング」の仕掛け人は誰か？

見え隠れする、自民党の思惑

綾織　気になるところとしては、今、自民党の総裁特別補佐だと思いますが、下村（博文）さんがいます。

舛添要一守護霊　そうね。臭うね。

里村　（笑）

舛添要一守護霊　臭う。プンプン臭うね。

綾織　オリンピックスタジアムの問題では、実は、「いちばん悪い」のは下村さんじゃないかっていう話もあります。

舛添要一守護霊　うん。あれ（下村文科大臣）を降ろしたのはさあ、いちおう私みたいに見えてるからねえ。週刊誌に（金銭問題を）攻撃されて、それでも落ちなかったのが、あの問題で落ちたからねえ。結局ね、最後はねえ。

綾織　はい。

舛添要一守護霊　いやあ、だから、ちょっと……、発信源は、〝そのあたり〟かなあと。

里村　ほお。

舛添要一守護霊　でも、総裁特別補佐か何かだから、安倍さんが嚙んでないとは言えんわねえ。

だから、安倍さんが嚙むとしたら、外交のところでしょうねえ。

まあ、「外交に、普通の都知事の三倍以上の費用を使っているっていうのに、実績があったんか」みたいなことを言ってるけど。

里村　ええ。

舛添要一守護霊　まあ、実績があっても困るし、なかったらいじめられるし、っていうとこでしょうねえ。

里村　そうすると、今回のスキャンダルの一面としては、かなり政局絡(がら)みというふうに……。

舛添要一守護霊　いやあ、そう思いますよ。少なくとも参院選前に出てるのを見ればね。

里村　はあああああ……。

舛添要一守護霊　マスコミっていうのは、ほんとにねえ、官邸筋から見りゃ、もう野犬の群れに見えるわけよ。何でもいいから、獲物を見たらウワアーッと集まってくるから。「何を食わせるか」っていう、まあ、そういう感じなんで。

里村　ええ。

舛添要一守護霊　「舛添は〝おいしい〟んでないか」と。「『辞めたくない』って粘れば粘るほど〝引っ張れる〟から、そうしたら、ちょうど参院選がやってくる」と。まあ、このへんだろうね。

里村　確かに、今は、伊勢志摩サミットを目前にして、これから参院選まで、官邸というか、自民党としては、失点を出したくないところです。

舛添要一守護霊　そうでしょう。出したくないでしょう。

里村　まあ、そうは言っても、今回、沖縄でですね……。

舛添要一守護霊　ああ、そう、そう、そう、そう。

里村　元・米海兵隊の男による殺人事件も起きたりしてはいるんですけれども、できれば国民の目を別のところにそらして……。

舛添要一守護霊　〝そらしたい〟ね。その程度のことはやりますよ、当然ねえ。

里村　なるほど、そういう理由が……。

舛添要一守護霊　だから、野球で言うと、「見せ球（だま）」みたいなやつかな？　ちょっと外角の高めに、打てそうな感じの緩（ゆる）い球を投げられたら、ついついバットが出ちゃうじゃないですか。まあ、そういう感じの球じゃないですかねえ。

まさか、私が狙われるとは思ってなかったけど、まあ、嫉妬はされたかな。一部、政治家には嫉妬されたかなあという感じは受けてるけどね。

再び浮上した、元文科大臣の名前

里村　霊言が始まる前に、大川総裁からのご解説で、「都知事というのは、大臣三人分ぐらいのバリューがある」というお話がありました。

舛添要一守護霊　そう、そう、そう、そう。

里村　やはり、それがゆえに、スケープゴートにされる対象になるんですね？

舛添要一守護霊　だから、それを仕掛けてるあたりは、もしかしたら、次の都知事を狙ってるかもしれないしね。

里村　そうですね。

綾織　それは、下村さんご本人ですか。

舛添要一守護霊　そうなると、「オリンピックが仕切れる」わねえ。

綾織　そうですね。

舛添要一守護霊　「次の都知事だったら、オリンピックを仕切れる」わねえ。

里村　（笑）それは悪いやつですね。

舛添要一守護霊　いやあ、それは、まあ、ちょっと、小説風だから。それは推理でしかないから、分からないけどさ。

里村 （笑）ええ。

舛添要一守護霊 ただ、狙ってるのは彼……。

里村 ほお。

舛添要一守護霊 狙っているというか、まあ、見えるわね。やられる側っていうのは、「誰にやられてるか」っていうのを、よく分かるもんでして。

君たちだって分かるでしょ？ 攻撃を受けたら、やっぱり動機から読むじゃない。「今、自分たちを攻撃するとしたら誰がするか」って、やっぱり思うでしょう。

里村 はい。

舛添要一守護霊　私だって、攻撃を受けたら……。まあ、「国民の声」とか、「都民の声」とか言われてるけど、そういうものが客観的に存在するわけじゃないので、やっぱり、仕掛けてる人がいるんじゃないかと思うわねえ。

「私が辞めて、私よりいい都知事が出てくるのか」

綾織　その意味では、ある程度、粘り抜こうとされてますか。どうされようとしていますか？

舛添要一守護霊　いやあ、辞めたところで、今、私よりいい都知事が出てくるとは思えないんですけどねえ。どうですかね。

でも、オリンピックにこだわってる方がねえ、ちょっと多いですからね。

里村　ええ。

舛添要一守護霊　今のままだと、元プロレスラーと、元水泳の選手あたりですか、スポーツ庁の。そのあたりが、「オリンピックを仕切る感じ」になって、政治家としての〝おいしさ〟がね、ちょっと足りないですよね。

里村　あとは、元スケートの選手の方とかも、おられますけど。

舛添要一守護霊　ああ、スケートか、スケートか、ああ、ああ、ああ。まあ、だから、「元選手」ばっかり出てきて、それでオリンピックを盛り上げても、政治家としては見返りが足りないですよね。もうちょっと、頑張ったっていうところを見せたいですよね。

「それが、誰の手の下(もと)に落ちるか」っていうことでしょうね。

里村　今日は本当に、冒頭から、政治の力学として、東大法学部政治学科でもなかなか学べないものを、今……。

舛添要一守護霊　いや、厳しいですよ。やっぱり、なかなか難しいね。とにかくマスコミまで絡んできて……。要するに「直接対決」じゃないんです。「間接対決」なんで。

里村　ええ。

舛添要一守護霊　間接的に、何て言うか、碁みたいだな。この石が、どういうふうに効いてくるか分からないような戦い方を、政治のほうではするので。うーん、難しい。

5 「政治とカネ」に関する舛添氏守護霊の反論

「マスコミは細かい数字は分かるが、大きい額は分からない」

綾織　まあ、あんまり比較するのもどうかというのはありますけれども、下村さん●の金銭問題から比べると、まだかわいい内容でして（笑）。

舛添要一守護霊　だからね、私は、まあ、一千五百億以上、税金を節約しようとしたんだから。これは、国民にとってはプラスですよね。都民にとってもプラスのことです。

これを、「舛添まんじゅうを買って、九万円支出した」とかさあ。

まあ、舛添まんじゅうといって、舛添要一の顔を描いて、それを外包みして、ま

●下村さんの金銭問題　当時、文部科学大臣であった下村博文氏の支援団体が、政治団体の届け出をしていないにもかかわらず、下村氏が代表を務める「自民党東京都第11選挙区支部」へ「違法献金」をしていたとされる問題。2015年2月に週刊誌が報じた。

んじゅうを売り出したらさあ、それはお付き合い上、ちょっとは買わなきゃいかんでしょうよ。

里村　うーん。

舛添要一守護霊　まあ、そんなようなことと、これはちょっと、比較するだけの目があるかどうかねえ。うーん。

里村　ですから、ここは非常に、「政治とマスコミ」という絡みを見たときに重要で、われわれから見ると「せこい」というかですね（笑）。

舛添要一守護霊　せこい？　私がか？

2020年東京五輪のメイン会場となる新国立競技場の建設現場（東京都新宿区・渋谷区）。

里村　いやいや、違います、違います。「都知事が、じゃない」ですよ。

舛添要一守護霊　ああ、ああ。

里村　要するに、ネタそのものが、そういうレベルの話なわけです。例えば、かつての田中角栄総理のように、「ロッキード。五億円」とかじゃなくてですね。

舛添要一守護霊　うん、そう、そう、そう、そう、そう、そう。

里村　まんじゅうだとか、四十九回、湯河原のほうに公用車で行かれたとか、こういうことでもって、逆にマスコミは、

新国立競技場整備計画を再検討する関係閣僚会議に臨む、東京都の舛添要一知事（右手前）、下村博文文科相（当時）（左手前）、遠藤利明五輪担当相（左から２番目）など（2015年８月10日撮影）。

「細かいところで公私混同をやるから、都知事としての資質がないんだ」というほうに迫っているように思います。

もちろん、そこを突っ込まれている都知事のほうにも、いろいろな隙もあるし、改むべきものもあると思うんですけれども、このへんはいかがお考えでしょうか。

舛添要一守護霊　まあ、(マスコミは) 細かい数字はよく分かるんだよねえ。

里村　そうなんですね。

舛添要一守護霊　庶民感覚というのか知らんけど、「外国に自分だったら行けるかどうか」っていう比較をさせるわけよね。そしたら、「うわっ、自分から見たら贅沢やってるな」みたいに見えると、そこは嫉妬する。だけど、あまり額が大きくなると分からなくなって、嫉妬の対象ではなくなるわけね。

だから、競技場の建設費が幾らになるかなんて、そんなの、もう分からないし。もっと大きな、熊本に八千億弱の補正予算を組むとかいっても、「これが妥当かどうか」なんて、こういうのは分からない。四千億が妥当なんだか、一兆円以上が妥当なんだか、八千億が妥当なんだか、これは分からない。ね？

里村　ええ。

舛添要一守護霊　だけど、「分かるぐらいの額」があるわけよね。そのへんを言ってくるんだけど。

まあ、ＮＨＫの職員の平均給与が、だいたい千七百万ぐらいって言われてるじゃないですか。都知事の給料っていうのは、せいぜい行って、ＮＨＫの職員二人分は、なかなか超えないところですよ。だから、「ＮＨＫの職員二人が使える金、豪遊できる額はどのくらいか」っていうのから判断すればね、「ずいぶんやっとるじゃないか」というのが見えるかもしれないですからね。まあ、ちょっとそんな感じかなあ。

首相には「官房機密費」がある

舛添要一守護霊　首相だって今は給料をだいぶ減らされてるから、四千万ちょっとぐらいでしょう？　それだけ言えば、「そんなに使えるわけじゃない」っていうあれがあるけど、向こうは政治献金を持ってるでしょう？

だから、もし、「私がやったと言われていることを、安倍首相がやってないかどうか」って調査をできるとしたら、似たようなものはかなり引っ掛かってくると思いますよ、当然。だけど、それについては書かない。このへんがねえ、なんか陰湿な感じね。

いや、絶対に使ってる。だってね、首相が自ら財布を開けてね、全部やってるとは思えませんよ。そんなのやるわけないじゃないですか。

里村　ええ。実質的にも……。

舛添要一守護霊　そうでしょう？　もうホテルを借りようがねえ、飛行機に乗ろうがねえ、外国で飲食しようが、人と会って飲食しようが、首相がねえ、ポケットマネーで全部払って、領収書を取ってやってるとは思えませんね。

里村　「官房機密費」というのがございますから。

舛添要一守護霊　そうでしょう？　ちゃんとあるからね。だから、いいんでしょう？　そこまで細々と取ったりすると、逆に、政治家として、なんか調査されてるみたいで、脅しを入れられるから、そういう秘密を守ってるんでしょう？　ある程度のところ、「まあ、このくらいはいいだろう」と。

例えば、少なくとも十五億円ぐらいだったら、官房機密費で、これ、実際は野党対策で、野党が、「予算が足りんから、ちょっと出してくれ」っていうのを料亭あたりで会ってね、もしかしたら渡してるかもしれない。

だから、こういうことは、過去、いっぱい行われてるけどね。そういうことは、要するに、明らかにしなくていいことになってる。これは、まあ、政治判断だよね、ある意味でね。

「田中角栄（たなかかくえい）待望論」とは逆路線の流れ

里村　細かい話になるようですけれども、マスコミの例は、「公用車でもって湯河原のほうの別荘に四十九回行った」とか、「海外でのホテルの部屋が広すぎる。そこでの宿泊費が高い」とか、「家族旅行らしきものを会議と称している」とか、こういうものを一つひとつ非難しています。決して、私は都知事を擁護するつもりはないのですけれども……。

舛添要一守護霊　してもいいよ。

里村　いや、いや、いや。そういうつもりはないのですけれども（苦笑）。ただ、日本のマスコミ、あるいは国民には、「私人と公人の違い」という意識がないところがございます。

舛添要一守護霊　うん、うん。

里村　つまり、地上の舛添都知事が、「車のなかで仕事をしているのだ。ホテルでも会議をやるのだ」と言っているわけですが、私も、「公人である以上、逆に三百六十五日、こうして仕事がついて回るのは当然である」と考えています。

しかし、日本のマスコミは絶対にそこを正論として捉えようとしないところがあると思います。このあたりについてはいかがでしょうか。

舛添要一守護霊　だからねえ、仕事っていうのがさ、場所に〝紐付き〟みたいにさ、「サラリーマンは、みんな机があって、机に向かって座ってるときは仕事をしてて、机から離れてるときは遊んでる」という考えもあろうかとは思うけれども、今は机だけで仕事してるわけでなくて、情報で仕事をしているからね。

だから、公用車に乗ってる理由は、移動中に電話がかかってくることがあるからだね。そういうときに判断ができないと困るから乗ってたわけで、タクシーじゃ、ちょっと具合が悪いですからね。まあ、そういうこともあるし、セキュリティ上の問題も多少はあるからね。

まあ、湯河原の別荘あたりのところで、そうとう〝刺激〟してたんだろうと思うけどさ。それは別に誰かさんのように、愛人宅へ行ってたわけではなくて、自前のところであるので。「週末をどこで過ごすか」っていう、そのへんの……。まあ、駆けつけられるぐらいの範囲内ですのでね。近所ですので。まあ、そのくらいのオプションはあってもいいのかなと。

ただ、私もただの政治家じゃあなくて、やっぱり学者・評論家経験者ですのでね。勉強したりする、そういう作家的な面もあるからね。それは、「場所を選ぶ」ところはありますから。

でも、何て言うか、「田中角栄待望論」みたいなのを出すんだったらさ、それは逆でしょう? ああいうふうに、「バブリーでもいいから、大規模にやってくれたらいい。景気を回復してくれたらいい」って言うんだったら、本当はそういう細かいことに目をつぶらなきゃ、田中角栄さんは成り立たない人ですよね。

里村　なるほど。

舛添要一守護霊　だけど、ちょっとそういう二つの路線が流れてるみたいで、なんか嫌な感じはしますねえ。

「マスコミのトップと安倍(あべ)さんとの会食費はどうなっているのか」

綾織　確かに、石原元都知事の場合で言うと、「週に二日とか三日ぐらいしか登庁しない」というのはみな知っていました。ほとんど都庁にはいなかった……。

舛添要一守護霊　そうですよ。だから、「給料半分返せ」って言えるよねえ。「半分、ないしは、三分の一ぐらいにしろ」とか。働いてないのは、みんな知ってたわね。「(副知事の)猪瀬がやってるからいいんだ」みたいな。あんなの、いいんですか。独裁者みたいだよねえ。

里村　ええ、ええ。

舛添要一守護霊　だから、それに比べりゃあ……。

綾織　その意味で、石原元知事もどこかでは仕事をされていたのだと思うのですけれども……。

舛添要一守護霊　いや、いや、小説を書いてんだなあ、自宅でね。

里村・綾織　（笑）

舛添要一守護霊　だから、知事の官舎にも入らずに、自宅で小説を書いてたんだ。あれで通るんだよな。

里村　いちばん最初に週刊誌が中心となって、今回の都知事のスキャンダルというか、話を追ったわけですけれども、今、テレビのワイドショーを中心に、みなそれに被(かぶ)さり、新聞も被さっています。

ただ、実は舛添都知事自身も、マスコミの力をある意味で利用して、非常に注目を浴びるようになられました。このマスコミ権力について、どう思われますか。

舛添要一守護霊　うーん、まあ、君らだって本当は手を焼いてるんでしょうから。今、マスコミを通さずしては、世の中が分からないような感じになってますのでね。だから、このマスコミ権力そのものについての客観的な分析っていうのはねえ、やれる人はそんなにはいないですよ。マスコミ分析をするのに、マスコミを使わないとできないようなところがあるし、「陰(かげ)の闘争」っていうか、「権力者の戦い」はきっといろいろあるんだろうからねえ。「陰の戦い」がきっとあるんだろうから。

まあ、今のマスコミは官邸にそうとう入られて、操作されてる。それは言われているマスコミだけど。

いやねえ、じゃあ、マスコミのトップと安倍さんが会食してるときのお金は、いったいどうなってるの？　私は知りたいですよ。どうなってるか、庶民はやっぱり知りたいですねえ。それを個人で払いますかねえ？　やっぱり、そうは思えないねえ。お金は出てるでしょう。だけど、「どっちが接待してるか」っていう判断によって、してる側が持つか……。

まあ、折半してますかねえ？　本当に。テレビ局や新聞社の社長とか、重役とか、本当に折半で、ポケットマネーでやりますかねえ？　やっぱり、やらないんじゃないですか。どこともなく秘書が片付けてやってて、「両者とも知らなかった」という感じになってるんじゃあないでしょうかねえ。

だから、（今回の騒動は）物事の本質ではないと思うんだよなあ。

6 「都知事外交」が嫌われた？

国際政治学者の強みを生かした「都知事外交」だったが……

舛添要一守護霊　うーん、まあ、「（私の）何が嫌か」っていって、いちばん引っ掛かるのは、「オリンピック」と「外交」のところですよね。

「オリンピック」は分かる。これはよく分かる。狙いはね。

それから、「外交」のところも、都知事にしちゃ行きすぎてる。要するに、「国際政治学者だから、自分の趣味と実益を活かして、都知事の際に経費をできるだけ使って、いろいろな外国へ行って要人に会い、体験として蓄積しておけば、都知事を辞めても、また評論家で食っていける」とか、まあ、そんなぐらいのことの読みをしてるのかもしれないけどねえ。

だけど、安倍外交も、ちょっと「行き詰まり」はあったからねえ。右に寄ってきたので、アジアあたりから中心に行き詰まったし、ＥＵとの関係とか、アメリカとの関係とか、いろいろなところで、今後、ぎくしゃくするかもしれない感じはあったからねえ。

やっぱり、私にも、何か多少、安倍外交のできないでいるところ？　例えば、ソウルだとか、北京だとか、このあたりで、「ちょっと補完してもらえないか」という声は強いし、それはヨーロッパ、ＥＵのほうにも、当然、関係が次は出てくるしね。アメリカにも関係が出てくるから。

まあ、「都知事外交」というのがウェルカムでなかったのかもしれないけど。

だから、「皇室外交」っていうのは、普通はいいように言われるけど、皇室で雅子さまが、もし実質的なことをしゃべったりしたら、それはけっこう言われるでしょう。まあ、雅子さまと言わず、それは皇太子でもいいし、誰でもいいけれどもね。

例えば、「新国立競技場の値段は幾らぐらいが適正だと思います」っていう発言を、皇太子でも、皇太子妃でも、あるいは天皇、天皇皇后でも……。まあ、天皇、皇后は言わないだろうけど、もし言ったとしたら、皇室外交……、というか、「外交」じゃあないかもしれないけど、「やや不適切」と言われるでしょうからねえ。

だから、黙って舛添は動いてるけど、いったい何の話をしてるやら、全部が入ってこないので、「何かやってるかもしれない」と思ってた人はいるかもねえ。

保守のプロの政治家からの〝挑戦状〟

里村　やはり、先ほどから、「オリンピック」と共に、「外交問題」がかなり絡んでいるという感じが強いですよね。

舛添要一守護霊　そう、そう、そう、そう。強いですよ。

まあ、『母に襁褓（むつき）をあてるとき――介護 闘いの日々』（舛添要一著、中央公論新社）を、書いたのもあって、厚労大臣はやったけど、そらあ、外務大臣とかはやらせませんよ。やると、首相よりも脚光を浴びるからね。私に外務大臣なんかは絶対やらせないしね。首相なんか絶対に、それは、もちろんやらせませんけれども。

だから、その理由を説明してくれてるんでしょう？「ケチだから」と（苦笑）。

要するに、田中角栄的に言ったら、「親分は金を撒かなきゃいけないほうだけど、舛添に撒く金はねえから、新党をつくっても、結局、党が維持できない」というようなことだよね。それと同じようなことを言われてるわけでしょうから。

まあ、今の保守のプロの政治家から見りゃあ、「おまえなんか政治家になる資質がないところを証明したろうか」と、こういう挑戦を、今、受けているわけでしょうね。

「安倍外交の反感を買っているところに〝バランサー〟を入れたい」

綾織　その外交の中身も、メディアの立場からは気になるところが幾つかあります。例えば、「旧都立高校の土地を韓国系の学校に貸し出す」●というところです。こ

●旧都立高校の土地を韓国系の学校に貸し出す　2016年3月16日、東京都は、新宿にある旧都立市ヶ谷商業高校跡地を、「東京韓国学校」の増設のため、韓国政府に有償で貸し出す方針を発表した。

れは、もう決まってしまっているのですけれども、これに対する批判というのはかなり大きくありました。「韓国に対して、何かあったのではないか」とか、「韓国との外交という部分でも、これはどうなんでしょうか」という見方もあるわけです。

これについては、どのようにお考えになりますか。


舛添要一守護霊　でも、何て言うか、朴槿恵（パククネ）が今ね、ちょっと中国経済が失速してきたからさあ、反日、そして、親中路線だけを取ってたのを、ずっと突っ張ってたのが危なくなってきて、少し弱めてきているけどね。

だけど、日本が全部、反韓・嫌韓だけになったら、やっぱりいけないので。

安倍さん時代には、そんなに改善は大きくはなされないだろうと思ってましたんでね、せめて、「東京都」と「ソウル」あるいは「北京」、このへんのあた

反日外交の背景を明らかにする『守護霊インタビュー　朴槿恵韓国大統領　なぜ、私は「反日」なのか』（幸福の科学出版刊）。

りで、ちょっと〝風穴〟を開けて、やや「つなぎ止めておくところを持っとかないといけない」のかなと。

だから、韓国の方が東京都に遊びに来られる、あるいは中国の方が遊びに来られるのに支障がないところを多少演出して、友好関係があることを見せておくことが、国全体にとっては利益だと私は思うんですよ。

まあ、韓国に都立高校の〝あれ〟を貸したかどうかというのもありますが、そう大きな問題だとは私は思っていないんだけど。それは、有効利用の問題なんで。

やっぱり、安倍外交の、ちょっときつすぎて反感を買ってるところに、少しバランスを……、〝バランサー〟を入れて、ちょっと調整しなきゃいけないかなと思うところをやってるんだけど。それが「生意気だ」というふうに見えるというところですかね。

綾織　タイミングとして、保育園の問題が出てきて、「保育園になるのか、韓国に貸すのか」という二項対立的な位置づけになったというのはありますよね。

舛添要一守護霊　ああ、なるほどな。

まあ、保育園自体は、東京だけの問題ではないかもしれないので。全国的な問題はちょっとあるかもしれませんけどねえ。それはそれでやらなきゃいけない。厚労大臣系でも考えなきゃいけないことであるから、それはそうなんですけどね。それは一つひとつの判断ですので、あれなんですけど。

うーん……、だから、「韓国系に有利に取り計らったところが気に食わない」っていう人もいるのかもしれませんけどねえ。

里村　舛添都知事は、ちょうど安倍総理が首脳会談ができないときに、ソウルに渡られて、朴大統領と会われています。

舛添要一守護霊　そう、そう、そう、そう。

まあ、私に与えられたミッションの一つだとは思ってるので。こういう時期に、都知事をやらせていただいたので、ほかの人ではできない……。もし、石原さんが都知事だったとしても、「朴槿恵は大嫌い」とか、どうせ言うだろうから。「習近平も大嫌い」とか、きっと言うだろうと思うから。安倍さんよりも、もっと嫌うかもしれないからねえ。

だから、そのへん、元大臣でもあった立場からいって、「少し、何か国の舵取りにお役に立てばいいかな」という気持ちもあったんですけどねえ。

里村　なるほど。

7　今回の事件で浮き彫りになった「マスコミの問題点」

「マスコミは、『ドS』と『ドM』の両方を持っている」

里村　今、マスコミやネットで、そうした韓国とのつながりの批判も出ているのですけれども、今回のこの事件を含めて、「政治はマスコミに勝てるのか」、あるいは、「マスコミを、どう利用するのか」という、このあたりについて、都知事のお考えはいかがでしょうか。

舛添要一守護霊　難しいねえ。（マスコミの）力は確かに大きいし。まあ、それはネットとかが広がって、若干、権力の分散が起きているから、もとのような強さはないかもしれないけれども。うーん……、大変だろうねえ。

だから、アメリカも、ほとんどマスコミ対策で大統領選をやってるようなもんでしょう？

里村　今のアメリカ大統領選で言うと、共和党の大統領候補であるトランプ氏は、「マスコミの罵声(ばせい)とか誹謗中傷(ひぼうちゅうしょう)とかを、ある意味で、逆に自分の追い風に変えて注目を大きくする」というかたちで支持率を伸ばしたりしています。

あるいは、フィリピンあたりでも、今回、ロドリゴ・ドゥテルテ氏というダークホースが大統領になったりしているのですが、このあたりについて、都知事の守護霊様は、どうご覧になられますか。

舛添要一守護霊　マスコミはねえ、変な言葉を使うけど、まあ、「ドS」「ドM」という言葉があるけど（笑）、この両方を持ってるんだよねえ。

里村　ほおお。

舛添要一守護霊　「ドＳ」という、非常にサディスティックに、目茶目茶にやっつけるところも持ってるけど、「ものすごくやられたい」という気持ちも持ってて、「わあ、やられた、やられた、やられたあ！」「これだけ叩かれた。悪口を言われたあ」みたいなので、ワアワア、ワアワアと騒ぐところもあってねえ。

要するに、その両極端に走りやすくて、「中道」っていうのは、あんまりないんですよ。中道だと売れないんですよね。

里村　はい。

舛添要一守護霊　基本的に売れないし、見てくれないので。極端に行くと注目されるんで、どうしても、極端に走る気はあるんですよねえ。

だから、それだけを頼りにして投票行動する国民も「たまらないなあ」とは思うんですけどねえ。

（質問者に）「トランプさんが、私の立場だったら」って？

里村　ええ。

舛添要一守護霊　うーん。どうですかねえ。まあ、（トランプ氏は）大金持ちだからねえ。そんなケチではないかもしれないけども（笑）。でも、お金については、もっと大きな〝ザル〟でしょうね。私みたいな、ちっちゃな額で引っ掛けられたりはしないでしょうね。引っ掛かるときは、もっと大きな額でしょうね。もっと大きな利権が絡んだような事業で引っ掛かるでしょうね。

東京オリンピックの「警備」と「差別」に対する考え方

里村　例えば、東京オリンピックが近いということで、海外から日本に来られる方も多くなっております。

そこで、「イスラムの方は入れない」とか、こういうふうに発言はできますか。

舛添要一守護霊　ああ、そのへん来るか。いやあ、まあ、警備上の問題は、確かにあるからさあ。警察関連から警備を……。今は、サミットの警備で、もう大変だからなあ。警官が都内をゾロゾロ歩いてるから。まあ、警備してるだろうけど。「数が増えれば危なくなる」っていうのは事実だけど、しかし、完璧（かんぺき）に壁をつくっちゃえば、やっぱり、そらあ、人種差別、宗教差別になりますからねえ。「どういうふうに具体的にチェックするか」は別として……。

ただ、オリンピック自体は、戦争とか、国籍とか、人種とか、そういうものを乗り越えて、「平和の輪」をつくるためのもんだからねえ。そういうときにでも出してやらないとできないし、昔の米ソの冷戦時代でも、オリンピックだけはねえ、みんな、できるだけ参加できるようにはしてたからねえ。

でも、戦争というか、領地略奪みたいなことをやったら中止したりする。まあ、政治にもよく利用されるところでもあるんだけどねえ。

ともかく、私のほうとしては、「どういうふうにして警備体制とチェック体制を敷くか」という観点はきっちり考えなきゃいけないけど、明らかに最初から、何て言うかなあ、まあ、トランプさんが言ってる、「トランプウォール、トランプの壁みたいなのをつくって、〝万里(ばんり)の長城(ちょうじょう)〟みたいなのを築いて、メキシコ人を入れない」というような考えまでは持ってないよねえ。

質問者に「模範答弁」を尋ねる舛添氏守護霊

里村　今、お話をお伺いしていますと、守護霊様は、なかなか慎重にお話をされていて、「このところの、マスコミからのバッシングが、いかにこたえているか」というのが感じられるのですけれども……。

舛添要一守護霊　こたえてるよぉ。「君たちこそ、真のマスコミだ」と言って持ち上げてでも、正しい報道をしてもらいたいぐらいですよねえ。

里村　昨日の二時間十五分にわたる会見について、「第三者という言葉を四十四回、使った」とか……。

舛添要一守護霊　ああ、そう、そう、そう、そう。

里村　今朝も、いろいろな報道がなされています。

ただ、今日の守護霊様のように、「思うところ」をキチッとお話しすればよろしいのではないかとも思うのですが、いかがでしょうか。

舛添要一守護霊　いや、突っ込んでくるからさあ。「で、いつ辞めるんですか?」みたいなのが、すぐ来るから、もうほんとに嫌なんだよな。

里村　そうでしたね。

舛添要一守護霊　ちょっとでも認めたら、「で、辞めるんですか」、「それは辞めることにつながるんですか」みたいなのが、〝すぐ来る〟でしょう?

里村　うん、うん。

舛添要一守護霊　だから、なかなか……。（綾織を指して）まあ、あんたなんかもよく知ってると思うけどさあ、「舛添まんじゅうを九万幾ら買った」っていうの、これ、どうするのが模範答弁なんだよ？

綾織　どうなんでしょうかねえ（苦笑）。

舛添要一守護霊　私はもう、さすがにあきれて、言いようがないんだけどさあ（苦笑）。

里村　逆に言うと、舛添都知事ぐらい学識のある方でも、会見などにおけるマスコミへの対応には、全然別種の知性というか、そういうものが必要だということですか。

舛添要一守護霊　いや、普通は、こっちが、マスコミに訊かれて意見を言ったりして載せるほうの立場であったからね。そういう立場であるけど……。
まあ、細々(こまごま)したことに答える政治学者も多少はいるんだろうけど、たいていは、「舛添は金銭に汚い」というようなことを言っとけば、学者としては、だいたい、それで務まるんじゃないか？　そう言っとけば無難だよね、いちおうな。

里村　うーん。

舛添要一守護霊　「このくらい、いいじゃないか」とか言うと、「おまえにも、ダーティーなことが、何かあるんじゃないか」と、こう言われそうじゃないですか。ねえ？

里村　ええ。

政治家を〝切腹〟させることばかりに関心がある日本

里村　確かに、日本のマスコミは、常に、「いつ辞めるんですか」とか……。

舛添要一守護霊　「一言で言ってください！」と、こう来るからねえ。

里村　そうですね。要するに、「政治家が、いつ腹を切るのか」ということが、いちばんの関心ごとなんですよ。

舛添要一守護霊　面白(おもしろ)いんだよ、やっぱりね。この国の文化は、切腹させるのが好きなんだ。こう、（刀を振りかぶり、振り下ろすしぐさをしながら）バサッと……。

里村　そうなんです。「いつやるんだ」と。

舛添要一守護霊　本人に切腹させて、介錯するのがマスコミの仕事。まあ、だいたいこんな感じで。

その見世物をねえ、外国人は見たくないんだけどさ。腹を切って、血がピューッと飛ぶやつは、「残酷！」って言って、みんな見れないのに、日本は好きでね。

里村　そう考えますと、これは、民主主義として、非常に損している、あるいは、間違っているのではないかと……。

舛添要一守護霊　うーん。

里村　つまり、その人が思うところを言えずに、マスコミは、そういうところばかりに行きます。そして、いつも、「いつ辞めるんだ」ということばかりに関心が行

きますが、これは、日本の民主主義がおかしくなっている表れだと、私は思います
し……。

舛添要一守護霊　まあ、今、おかしくなったわけじゃあ、全然ないけどね（笑）。

「客観的指標」がはっきりしていないマスコミによる批判

舛添要一守護霊　（立木に）立木塾長、何か教えてくれよぉ。指南（しなん）、指南。

立木　いえいえ。指南なんて、とんでもないことです。

舛添要一守護霊　塾生を教えてるんだろう？

立木　いや、ぜひ……。

舛添要一守護霊　どうやって逃(のが)れたらいいんだよ、これ。いや、教えとく必要がある。塾生に教えなきゃいけない。

立木　いや、舛添都知事の守護霊様としては、今回の事件について、「不可抗力的(ふかこうりょく)なもの」とお考えなのか、あるいは、振り返られて、「こうすれば避けられたのではないか」というような、そのあたりのご見解はお持ちでしょうか。

舛添要一守護霊　いや、だから、全ての知事の金の使い方を比較して、あるいは、外国の、パリ市長だとか、北京(ペキン)の〝あれ〟だとか、ソウルだとか、アメリカだとか、いろんなところがあるけども、「だいたい、どのくらい使うのが妥当だと見られてるか」っていう客観的指標まで出てきて、それに則(のっと)って、「このくらいが妥当だ」っていうことが決まっててやってくれれば、まあ、それに沿うしかないけども。

そういう基準がはっきりはないでしょ？

里村　ええ。

舛添要一守護霊　都知事として海外へ行って、例えば、「ニューヨークとかワシントンとかに行って、十五万円ぐらいのスイートに泊まるというのが妥当かどうか」ったって。庶民感覚で判断されても、これはしかたがないことで……。

里村　はい、はい。

舛添要一守護霊　実際上、外国に行っても、外国のほうが、それをどう見るか。ホテルが、どういうふうに見るか。ねえ？
もし、外国の要人とホテルで会うとすると、まあ、スイートなんかでしたら、会議室が付いてるからね。君らが知ってるかどうか知らんけど、スイートルームってのは、普通の宿泊部屋に、ちょっと大きめのテーブルがあって、ほかの部屋から客が来て、そこで食事を取って、部屋のなかで話ができる。

要するに、ほかのレストランとかで会議をしたら、盗聴されたり、まあ、スパイがいたりするからね。

だから、自分の部屋の会議室のなかで話をするのが、「いちばん安全なやり方」だから。密談に近いものは、だいたいそこでやるから、普通はスイートを取るもんだけど。

「東京都知事っていうのは、そのくらいの部屋を取るだけの資格も、必要もないものなのかどうか」って言われますと、まあ、それは、いちおう周りの判断や意見もあるとは思うけど、私は、その人によって……。まあ、例えば、単に物見遊山(ものみゆさん)で、「ワシントンのポトマック川に、桜を見に行きたい」とかいう理由で行くと、それはそうだけど。

里村　うん。

舛添要一守護霊　私なんかが、ワシントンに行くということであれば、向こうの政治家や政治学者と会うだろうっていうぐらいのことは分かるじゃないですか。ねえ？

里村　はい。

舛添要一守護霊　だから、そのへんをねえ、「そこまで細々言われるかなあ」と。「比較衡量」が働かないマスコミの問題点

舛添要一守護霊　去年、（新国立競技場の建設費を）一千億円以上、値段を下げた

んだからさあ。

里村　ええ、ええ。

舛添要一守護霊　だから、「ゼネコンの恨み」もあるかもしれないけどさあ。それに、設計者が死んじゃったりして、ちょっと恨みが……。もしかしたら、〝呪怨（じゅおん）〟の世界かな？　祟（たた）って、私に……。

里村　（苦笑）

舛添要一守護霊　イラクだかどっかの女性の設計者が死んじゃったよねえ、拒否されたあと。

●設計者が死んじゃったりして……　2016年3月31日、新国立競技場の当初案をデザインしたイギリスの女性建築家ザハ・ハディド氏が、心臓発作のためアメリカのフロリダ州マイアミで死去した。

里村　はい、そうです。

舛添要一守護霊　もしかしたら、あれが取り憑いてきていて、私は宗教的にお祓いをしてもらう必要があるんじゃないか。

里村　いやあ、まあ、確かに、それはあるかもしれません（苦笑）。

舛添要一守護霊　取り憑いてるかもしれないねえ。

里村　それは、また当会のほうでも考えますけれども。

ともかく、今、都知事の守護霊様がおっしゃったのは、非常に重要なポイントで、結局、「政治 対 宗教」でも、「宗教 対 マスコミ」でも、あるいは、「経営者 対 マスコミ」でも、日本のマスコミの最大の問題点は、「比較衡量が働かない」ということです。やはり、ここが盲点としてあると思います。

舛添要一守護霊　そうそう、そうそう。だからね、「同資格の人たちの平均的な動きから見て、だいたい、どのくらいのブレがあるか」っていうところまでやればいいけど、「おたくの家計の感覚から見て、どうですか」って、こう来るからさあ。これはきついよね。やっぱり、それは一緒じゃないところがあるわねえ。

里村　ええ。

舛添要一守護霊　会社の社長だって、使える経費がだいぶあると思うけど。ただ、少なくとも、「各国に行って訪問して、一部、親交を深めたりするために使う経費」は、「会社の社長が使う経費」とは、ちょっと違うとは思うんだよな。

例えば、会社の社長だって、自分の会社の事業に関係があるところの出張は、当然、公費でしょうけども、「それ以外の関係ないところに、物見遊山で、ただ行った」というのなら、それはやっぱり、いちおう社内で糾弾はされるだろうとは思うけどね。

しかし、私みたいな人が、「主要国の首都なんかに行って、向こうの様子を見てくる」みたいなことは、今後の都市づくりやオリンピックの運営の仕方や、いろんなものを考える上で、まあ、ほかの人の意見も聞いてね、外国の人の意見も聞いたりして、「どういうふうに東京を改造したらいいか」とかを考える意味でも役に立つことではあるんでねえ。ある程度は、これを認めていただかないと、たまんないなあとは思う……。

「外交のやりすぎ」が安倍首相の反感を買った？

里村　私も、ある人から、「オリンピックの開催地の選定も含めて、国際社会のなかの決定事項は、例えば、ヨーロッパなら貴族階級の交流、あるいは、アメリカだったら、上流階級の交流でけっこう決まってくる。戦後、日本が、そういう部分の外交が成り立たなくなるようなことをしているのは、国益上もたいへんマイナスだ」という話を聞きましたけれども。

舛添要一守護霊　うん、うん。でも、「（私が）やりすぎた」と見てる人がいるんでしょうねえ。

安倍さんも、外交が売りだし。

里村　はい。

舛添要一守護霊　まあ、（安倍首相は）大学までのことは、なかなか語れないレベルであっても、一年ほど、南カリフォルニア大かなんかに、語学留学されたらしいことが自信のもとになっていて。原稿があれば、英語を読み上げたりするぐらいのことはできるんでしょ？　そういうことが目立って、頑張っているところだよねえ。だから、「舛添が、パリに行って、フランス語で挨拶した」とかいうと、やっぱり、ちょっとカチンとくるわねえ。

里村　（苦笑）

舛添要一守護霊　それは、こっちだって留学してるからさあ、そのくらいはできるよな。東大の先生をするには、その程度はできなきゃいけないけど、「生意気には見える」でしょうねえ。

里村　なるほど。

舛添要一守護霊　嫌でしょうねえ。

オリンピック招致(しょうち)には各国のロビー活動がうごめいている?

綾織　オリンピック絡みのところだと、「日本オリンピック委員会が、シンガポールのコンサルタント会社にお金を億単位で渡していて、その結果として、東京オリンピックが決まったのではないか」という疑惑があります。

これは、国際的にも汚職に値するものであり、国際機関も捜査を始めているということで、東京オリンピック絡みのスキャンダルというのが、けっこう大きくなってくる可能性があるという感じがあります。

舛添要一守護霊　まあ、このへんについては、ちょっと極秘の部分があるんで、難しいけど。このオリンピック招致(しょうち)、招聘(しょうへい)に関しては、世界各国みんな、あの手この手を使ってやってますのでねえ。

綾織　ええ。

舛添要一守護霊　だから、そういう裏相場、裏の動きはあることはあるので、日本だけが何にもしてないと、あっさりと締め出されてしまうところもあるんでね。「これが、どのへんまで表面化しないように、上手に動けるか」みたいなものは、不文律ではあることはあるみたいなんで。

例えば、北京オリンピックなんかを招致したときに、中国が何にもしないで呼べるわけがないじゃないですか。

里村　ものすごく使ったと思いますね（笑）。

舛添要一守護霊　日本でもできないようなことを、あそこは平気でやるでしょ？

里村　はい。

舛添要一守護霊　（里村に）あんただって、こんだけインタビューで、本に出てきたらねえ、次に北京へ行ったときには、美女がいっぱいはべって、もう大変ですよ？

里村　いえいえ（苦笑）。

舛添要一守護霊　〝お持ち帰り〟を……。

里村　空港で捕らえられると思います（苦笑）。

舛添要一守護霊　そのあとは、もちろん、向こうの〝紐付き〟で使われるしかないけどね。

まあ、そういう国柄もあるからねえ。まあ、日本は、そこまではしませんけど。ただ、経済的メリットを、「直接的な賄賂（わいろ）でやるか」、「ちょっと遠回しの経済的メリットみたいなのを与えて、支持国を増やしていくか」みたいなのは、どの国も、ある程度はやってるから。

里村　ええ。

舛添要一守護霊　これ以上言うと、ちょっと問題があるので、もう差し控えるけども、特別に、何かおかしいことがあったわけでもないし。オリンピック招致に関して、私が直接何か使ったとかいうようなわけではありませんでねえ。

里村　都知事になられたのは、（東京オリンピック開催）決定のあとですから。

舛添要一守護霊　当時、（都知事に）まだなってませんから。だから、象徴的に、誰かの責任に、全部持ってこようとしてるのかもしらんけどね。

里村　うーん。

舛添要一守護霊　ただ、裏でいろいろと、まあ、ロビー活動って言いますがね、普通は。ロビー活動っていうのは、一般にはいろんな国がやっているので、それを、まったく知らん顔して素通りして、「何もしませんでした」という正論だけでは来ないのは事実ですよねえ。

8　舛添氏守護霊に「政治家の資質」を問う

「大災害発生時に対応できるかどうか」は、人それぞれ違う

里村　そういった裏での活動なども含めて、今日のもう一つの論点である「政治家の資質」というところも、ぜひ、守護霊様からお伺いしたいと思います。

実は、（『舛添要一のスピリチュアル「現代政治分析」入門』〔前掲〕を見せながら）二年半前の守護霊様の霊言で、「政治というのは嫉妬の社会学である」と……。

舛添要一守護霊　まあ、そのとおりだよ（笑）。

里村　そして、地上の自分自身について、「組織運営のところと、マネーメイキン

グのところが弱い」と分析されていまして……。

舛添要一守護霊　はあ……（ため息をつく）。

里村　今回のスキャンダルというのは、ある意味では、守護霊様が指摘されていたところも出たかなと思うのですが、このへんを、「政治家の資質」と絡めて、どのようにお考えになりますか。

舛添要一守護霊　うん……。まあ……、政治学者っていう意味では、熊本県知事の蒲島（郁夫）さんなんかもそうで、東大の政治学の教授ですけども。いやあ、地震が起きて、今、実際は弱ってるんじゃないですか？　平常時は、淡々とやれて、「くまモン」で儲けたりしたら喜ばれるけど。あんな大災害が来てねえ、君らが、「天変地異は神意の表れ」なんて言うと、「わし、何か悪いことしたかなあ」と思って今、反省してるかもしらんけど。
いやあ、実際は、ほんとは困るでしょう。ああいうふうになったら、どうしたらいいか分からないので困るので。
まあ、それは苦手な部分はあるよねえ。

里村　ええ。

舛添要一守護霊　例えば、田中角栄さんみたいに土建会社出身の人が知事でもやっとればさあ、さすがに動きはいいでしょうねえ。パッパッパッパッパッと、いろんな指示は、すぐ出るでしょうね。

里村　はい。

『熊本震度７の神意と警告』
（幸福の科学出版刊）

舛添要一守護霊　ただ、そういうのがなかなか分からない人もいるわね。人によってはねえ。

里村　はい。

舛添要一守護霊　だから、彼は、農業のほうは得意なんですけど、そのへんが分かるかどうか、災害復旧のところをどこまでやれるかどうかっていうのはあるわね。前回の都知事選では、細川（護熙）さんとかも出てねえ？　細川さんや、それから、小泉（純一郎）さんとかいう、〝前の亡霊〟だよね？

里村　ええ。

舛添要一守護霊　〝前の亡霊〟、今の自民党に戻る前の〝亡霊政権〟の人たちが出てこようとしたけど、もし、今の立場にいたら、どうなるかっていうようなことを考えると……。まあ、細川さんとかだったら、宮様(みやさま)みたいな動きはなされるだろうけど、「打たれ弱さ」っていう意味では、猪瀬なんかともおんなじようなもんで、穴一つ出れば弱いだろうなあとは思うけどね。

「四面楚歌(しめんそか)でも、頑張ろうとはしているんだ」

舛添要一守護霊　私は、ちょっと今、頑張ろうとはしてるのよ。

里村　おお。

舛添要一守護霊　もう四面楚歌(しめんそか)なんですけど、頑張ろうとはしてるんで。まあ、学者として、「お金の問題がよく分からない」、「組織運営が十分にはできない」っていう弱点は、もちろん、構造的にはあるけれど、私だって、学歴一つで偉くなったようなところがあってねえ。

北九州出身で、母に襁褓(むつき)をあてなきゃいけなかったような、そういう家でね。

里村　苦学されて……。

舛添要一守護霊　ええ。そのくらいは親孝行しなきゃいけないあれだったし、高校もさ、「一流高校に行かずに、どうして三流高校に行ったのか」みたいなことを質問されたりするぐらいのねえ。

まあ、君らはたぶん分からんだろうけど、東大でもさあ、「東大閥(ばつ)」だけでなくて「高校閥」もいっぱいあってね。なかでは、もう、「どこの高校から東大に来たか」が、次の〝第二選抜〟で、そこでまた徒党を組むんだよ。

里村　なるほど。

舛添要一守護霊　私らも、そのへんについては書かないけどさ。三流高校から、珍しく東大に受かったケースで来てるんだけど、東京に来て、こうやってると、やっぱり、東大系でも〝毛並みのいい〟のはちゃんといるからね。

私だって、多少外交のほうに出てるけど、国際的にちょっと見栄っ張りなところはあるのかもしれないので、そのへんが、感じる人は感じるのかもしれないけどねえ。

「いちばんやりたい外務大臣はやらせてもらえない」

里村　「資質」という部分で言いますと、例えば、「政治家としての舛添要一」には何が足りなかったのでしょうか。

舛添要一守護霊　外交を中心でやろうとしてるけど、外交官を見れば、やっぱり

〝毛並み〟は要るでしょう。

里村　なるほど……。

舛添要一守護霊　だから、むしろ、細川さんみたいな貴族系の出身みたいなほうが、外交官とかには受け入れられやすいし、なりやすいよね？　だいたいね。

里村　ああ、そちらのほうがよかったのですね……。

そうすると、厚労相などもされましたけれども、本来、都知事が、そのように勉学に励まれて志(こころざし)した部分とは、必ずしもマッチングしていないということでしょうか。

舛添要一守護霊　まあ、だから、「母親のおむつ替えをした」と。「きょうだいが面倒を見ないので、東京から飛行機で帰ってまでやっていた」というようなことで本を書いたりしたぐらいで、厚労大臣にはなれるけど、いちばんやりたい外務大臣とか、そちらのほうは、やらせてはくれないよねえ。

里村　はあ……。

舛添要一守護霊　うん。それは、言うことをきかなくなると見てるからでしょ？

里村　それで、都知事になられてから、そちらの方面に非常に力を入れられたのですね。確かに、東京は、北京(ペキン)とも、韓国のソウルとも姉妹都市ですし、都知事はヨーロッパのほうにもお強いですから。

舛添要一守護霊　うん。岸田(きしだ)（文雄(ふみお)）さんなんか外務大臣をやってたって、暖簾(のれん)に腕押しみたいな感じの人だしな。実質上、安倍さんが外務大臣を兼ねてるでしょ？　今。

里村　おお。

舛添要一守護霊　ほんとは。安倍外交でやりたいんでしょう？　あくまでもね。

里村　そうです。

舛添要一守護霊　だから、そのくらいの人でいいわけで、自分の意見が強い人は、やっぱり、駄目でしょうからね。

里村　ええ。比較的、外交で功績をあげたほうが、歴史に名前が遺（のこ）りますから。

舛添要一守護霊　そうそう、そうだと思う。

里村　やはり、安倍さんなどは、明らかに、そちらのほうでやろうとして……。

舛添要一守護霊　そうそうそう。得意だよね。（外国に）よく行くよね。よく行くなと思う。

自分の望むポジションを得たときに働く「潰そうとする力」

里村　われわれ幸福の科学グループには、幸福実現党やＨＳ政経塾など、政治関係のものもあるので、本当に〝なかなか教科書に出てこない話〟としてお訊きしたいのですが、自分がやろうと思っていた仕事のポジションを得て、そこで自分の力を発揮しようというときに、やはり、「潰（つぶ）す力」が働いてくることはあるのでしょうか。

舛添要一守護霊　いや、そらあ、働くよ。

里村　はああ。

舛添要一守護霊　それは働くよ。だからねえ、まあ、奇しくも、大川隆法さんにお願いに上がらないといかんようになったけども、大川さんだって、今は、具体的な政治権力を持っているわけじゃないから、いろんなことを自由に言えてるかもしれない。だけど、実際に政党がね？　本人じゃなくて、政党のほうで国会議員が出て、ある程度の数を持って動き始めたら、そのへんを狙ってくるよな？　当然ね。

里村　ええ。

舛添要一守護霊　マスコミに、スキャンダル狙いでスクープされたときに、たぶん、ブロックは弱いと思うんだよ。そこまで考えてないから。初めてアタックされるときはねえ、みんな考えてないのよ、たいてい。自分がそこまでVIP(ブィアイピー)になったと思ってないからさ。用心してないわけよ。

「えっ？　まんじゅうを買っただけで駄目なんですか」とか、「この事務所を借りたのが駄目なんですか」とか、「ホテル代は、こっちでは駄目だったんですか」とか、「知らんかった」というようなのがいっぱい出てくるよ。このときに、やっぱり弱い。

だから、そこを、何て言うかな、この議員あたりを攻撃して、スキャンダルにしてやれば、大川隆法さんの足だって引っ張れるし、あるいは、「幸福の科学が絡んでいるかもしれない」みたいな噂(うわさ)を立てれば、連帯して落とせるわな。そういうところはあるからさ。

里村　はい。

舛添要一守護霊　君らのこれからの未来に、このへんはそうとう出てくる。ストックはそうとうあるけど。

でも、事前に言っててもねえ、「自分に、あんなものはないだろう」と思って、だいたい油断してるのよ。

大川隆法さんぐらいになったら、もう過去にいっぱい週刊誌等で狙われてるから、常に、判断したり行動するときには考えて、いちおう警戒なさってるとは思うけども、ほかの弟子はまだ甘いと思うな。

（里村に）あんたも、夜は気をつけたほうがいいよ。夜道は気をつけなさいよ？

里村　いや、あの、今ですね（苦笑）、都知事……。

舛添要一守護霊　証拠写真を撮られないように、気をつけてくださいね。

里村　いやいや、いやいや。そもそも、そんなことをされるようなことはしていませんから、大丈夫ですけれども。

舛添要一守護霊　いや、してなくても〝写真はつくれる〟んだって。赤提灯の前に出てて、ほかの（写真）と合成すれば、それでできるんだから。

里村　ああ、なるほど。

舛添要一守護霊　うーん。つくれるんだから。

「幸福の科学を叩くときにはマスコミのほうも覚悟が要る」

里村　今、守護霊様のお話を聞いていて、二十年ほど前のことを思い出しました。

確か、初めて公明系から大臣が誕生したときに、池田大作名誉会長が思わず、「みなさんの大臣ですよ」というようなこと言ったことが、「政教分離に反している」、「本音が出た」ということで、大騒ぎされたことがありました。

舛添要一守護霊　いやあ、あのときは、なんかね、「みなさんの家来ですよ」みたいなことまで言ってたんじゃないかなあ。なんか、そんな感じだったよねえ。「大臣が家来」みたいな言い方をしてた。

里村　ただ、「公僕」という観点からしたら、それはそうなんですよね。「主権者である国民に使われる立場である」ということですから。

舛添要一守護霊　うーん。

里村　もちろん、私は別に、創価学会の擁護をするわけでも何でもありませんけれども、二十年前に、突然、そういうものを盾に取って叩いてきたマスコミがあったなと思いました。

舛添要一守護霊　ただ、でも、創価学会には、ちょっと、隠すところがあるからね？　隠して隠して、裏で動く、いわゆる「忍者型の動き方」をするので。幸福の科学は、ある意味で正々堂々としているのは、みんな知ってるからさあ。

里村　はい。

舛添要一守護霊　大川さんは、たいていの場合は正面突破で来るからさ。喧嘩を売ったら、必ず打ち返してくるので。「道場で文句があるなら、表へ出て、真剣でやりましょう」と、こう来るからさ、たいていの場合。いちおう、マスコミのほうも、そうとう覚悟は要るわけよね。

たいてい社長のところぐらいまで攻めてくるでしょう？　朝日の主筆なんか、この前もズバッと〝刺してる〟じゃないですか（注。二〇一六年四月三十日、死後二日後の元朝日新聞主筆・若宮啓文氏の霊言を行った。『元朝日新聞主筆　若宮啓文の霊言』〔幸福の科学出版刊〕参照）。

里村　〝刺した〟わけではありませんが。

舛添要一守護霊　いやあ、もう黙って、マスコミも、「マスコミ統制」をするわけよ、シーンとして。悪いやつが便乗してきて、はやし立てないように、ずっと、マスコミがマスコミ統制をしてるんだけど、でも、水面下では広がっていくじゃないの。

里村　はい。

舛添要一守護霊　「なんか、朝日に入ったら地獄に堕ちるんだって」みたいな感じに、水面下では言うよね？

里村　（笑）ええ。

舛添要一守護霊　例えば、産経新聞社の勧誘員がさ、「『産経新聞』を取りませんか。おお、『朝日』ですか。『朝日』を書いている人は、だいたいみんな地獄に行っていて、読んでいても（地獄に）行くかもしれませんよ」なんて、どこで言ってるか分からない、それはね。そういうことは分からない。統計学的には分からないけども、まあ、そういうチャンスはあるわね。

里村　はい。

舛添要一守護霊　そういうことは口封（くちふう）じさせてるけど、じわじわと広がるかもしれない。

まあ、そういうようなところで、いや、何が言いたかったかっていうと、「とにかく難しい」っていうことだよ。

政治の世界で「いい人間関係」を築くコツとは

舛添要一守護霊　（立木に）君、大丈夫？

立木　いや……。

舛添要一守護霊　私と一緒で、子だくさんなんじゃない？　君も。

里村　（笑）

立木　いえいえ、とんでもないです。

艸添要一守護霊　危ないなあ、それ。

里村　いやいやいや（笑）。

艸添要一守護霊　宗教の立場で、そんなにねえ、子供がたくさん生めるはずがないからさ。

立木　いえいえいえ。

舛添要一守護霊　それは、どっか裏金が回ってる可能性があるってことは……。

立木　私のことは置いておきまして、舛添知事の守護霊様にお伺いしたいのは、「自民党との関係」です。

舛添要一守護霊　ええ、ええ。

立木　ここのところが、いまひとつ、しっくり行っていないのかなというのはありまして。

舛添要一守護霊　まあ、そりゃそうだ、うん。

立木　特に、九九年の都知事選に出られたあと、参議院議員に立候補され、そのときに、「森喜朗（もりよしろう）元首相からいろいろ言われて、かなり引っ張ってもらったんだけれども、そのあとは仲が悪くなった」というような話も聞いたりもします。

こういったところの、「いかにいい人間関係を築いていくか」というところに関して、何か、お知恵なりご見解を賜（たまわ）ればありがたいです。

舛添要一守護霊　やっぱり、（私は）一言で言や、「生意気（なまいき）」なんだろうね。

自民党のなかにいたとしても、「言うことをきかない」っていうか、「自分の持ってる見識、見解に関しては譲らない」と思ってるから。

小渕（おぶち）（恵三（けいぞう））さんみたいな、何て言うのかな、ボケたふりとか、自己卑下的キャラで人を立ててみたりとか、ああいう腹芸（はらげい）が、けっこう、政治の世界ではまだまだ通じてるからね。

これは、私なんかじゃなくて、そういう「政治過程論」の先生なんかのほうの仕事かもしれないので。国際政治のほうは、ちょっとバタ臭い感じで考えるので、〝あれ〟なんですけど。

だから、ちょっとねえ、（私は）言うことをうまくきかないのでね、このへんが、こう……。ただ、国民に人気があったりするからさあ、「ちょっと面白くないな」っていう。

里村　いえいえ。

自民党が好む「人材」と、よく使う「裏技」とは

里村　ただ、今、おっしゃったことについては、われわれもすごく問題意識を持っています。

治世というか、平時ではいいかもしれませんが、ちょうど幕末の、まさに徳川幕府がそんな感じだったように、乱世になったときに、能力を持っていたり、あるい

は、一家言（いっかげん）のある人が出てこなかったら、この国は終わります。

そういう意味では、都知事が参議院で出られたところに、「生意気だった」などと言われたことに関しては、もちろん、もしかしたら、資質としてあるのかも分かりませんけれども、やはり、自民党政権の末期的症状ではないかと思えるところが……。

舛添要一守護霊　いや、「嫉妬」はあるんだよなあ。

自民党だからさ、私みたいなのよりはさあ、それこそ、SPEED（スピード）の今井絵理子（いまいえりこ）さんだとか、あるいはスポーツの選手だとかさ、そういうほうが「知名度があって使いやすい」んだよな。「言うことをきく」だろう？

里村　ええ。まあ、こういうことを言っては悪いですけれども、彼らは〝ない〟ですから。

舛添要一守護霊　いやいやいや。まあ、君らもウオッチはしてるけど、DAIGO（ダイゴ）だとかさあ、あんなのは怪しいよな。

結婚式を、この近所のプリンスホテルなんかでやったんだろうけどさ、総理大臣が、外遊する前の忙しいときに、結婚式の祝辞メッセージをビデオで贈って？　それも、DAIGOの怪しげな〝暗号〟の、変なのを使って贈ったりしてる。あんなのしてる暇はないよなあ？　普通な。

里村　（笑）そういうことを訊かれても……。

舛添要一守護霊　だから、あれはやっぱり、裏に何か意図があると思うよね。

里村　そうですね。

舛添要一守護霊　（DAIGOを）なんかのときに使ってやろうと、〝看板〟として、あるいは〝隠し球〟でつないで、マスコミのほうにもだんだん広げていって、やってるだろうなと思うけど、そういう裏技はね、確かに私みたいな学者出身の人間には使えないので、なかなかね。

里村　ああ。

舛添要一守護霊　私は、率直に、歯に衣着せずに言っちゃいますし、まあ、大川さんなんかも、そんなところがあるわね。スパッと結論を言っちゃいますから、リスクはかかるわねえ。

だから、そのスパッと言うところが、トランプ的にも、ねじ伏せるところまでやれるか？

まあ、トランプ（自身）も〝ねじ伏せる〟かもしれないけど、最後は、その「お返し」がまとめて来るかもしれないからね？

マスコミは、やられたように見せておいて、いったん上がったあと、どっかで出たときに、スキャンダルでダーンッって、一斉に落とすかもしれない。そのときに耐えられるかどうかは、まだ分かんないね。

今のところは面白いからね。面白いし、記事は売れるし、ニュースを見てくれるから、「こんな面白いことを言った」っていうのをやってるけど、あれだって、そのうち、小保方（晴子）さん扱いになるかもしれないんでねえ。

里村　うーん。

舛添要一守護霊　だから、分かんない。

「大川隆法が私のかわりに記者会見したら何と言うだろうか」

舛添要一守護霊　大川隆法総裁だったら、そうだな、私のかわりに記者会見に立って、同じことを言われたら、何て言うだろうねえ。

里村　いや、そもそも、大川総裁が、こういうことの記者会見に立つということは……（苦笑）。

舛添要一守護霊　いや、それはありえるよ。

里村　ありえませんので（苦笑）。

舛添要一守護霊　いやあ、ある意味では、キングメーカーになろうとしてるわけですから。日本のキングメーカーになろうとしてるわけですから。

里村　いえいえ、別に、キングメーカーになろうとしているわけではなくて、自然と、発言の影響力が……。

舛添要一守護霊　いや、池田大作が死んだら、自動的に、キングメーカーは一人しかいなくなりますから。「裏から糸を引いているだろう」と、みんなで、やっぱり……。

里村　いや、今、肝心なことは、都知事のこれからでございますので。

舛添要一守護霊　ああ、そうそう、うん。

9 「二〇二〇年の都知事」をめぐる戦いが始まっている？

“某元大臣(ぼうもとだいじん)”が「次の都知事を狙っている」？

綾織　今の構図から言うと、結局は、自民党の都連とか、あるいは、下村博文さんなのかもしれませんけれども、こうしたところとのぶつかり合いになっています。別に勧めるわけではないですが、何らかの“手打ち”があると、少しは生き延びられるという状況ではありますよね。

舛添要一守護霊　自民党というよりは、某大臣(ぼうだいじん)だけどさ。某元大臣が、恥をかかされたわけだよね。恥をかかされて、引きずり降ろされたわけでしょう？　しかも、引きずり降ろされて、総裁特別補佐か何かをやって、大臣から外されてさあ。

里村　そうですね。

舛添要一守護霊　だから、次の総理への道をちょっと何年か、ズルッと降ろされた感じだから。もしかしたらこの人は「次の都知事を狙ってるんではないか」っていう意見もあるわけよ。

里村　この方の場合は、そのような話は前からあります。

舛添要一守護霊　ねえ？　あるでしょう？　東京都だからね、この人もね。
だから、総理大臣はもう無理かと見たときには、「最後は東京都知事ぐらいで、オリンピックあたりにパーッと出たいんじゃないか」っていう読みは、ないわけではないよねえ。

里村　なるほど。

舛添要一守護霊　そしたら、動機から〝推理小説〟を書けば、いちばん濃厚に出てくる線はこのへんだよね？

まあ、でも、ほかの意見もあるとは思うけどね。

ＴＰＰの調印の直前に辞任した甘利氏の例

里村　ある意味で、謀略に屈せずに、都知事として続けられたいというお考えであるわけですが、今回はどのように切り抜けられますか。

舛添要一守護霊　やっぱりねえ、政治学者として分析しているかぎりですねえ、この前も、●甘利（明）さんとかがやられて、療養してるから。やっぱり、逃げられないところはあるんだろうし、証拠みたいなのを握られるとあれだけど。

ただ、マスコミにはそんなに法則性はないんだよなあ。「この場合は必ずこうなる」っていう法則があれば分かるけど、学者的に見りゃあ、法則性があるわけじゃなくて、突如出てくる場合もあるし。

甘利さんの場合はＴＰＰの調印の直前だったね、あれ。

里村　直前ですね。

舛添要一守護霊　まあ、「あの嫌がらせはいったい何なんだ」っていう部分はちょっとあるから。

やっぱり、ああいうのは、たいてい〝仕掛け人〟がいるんだよねえ。どの筋かは分からんけども、まあ、「被害を受ける業界筋の意向を汲んで、やっている人とか

●**甘利氏の大臣辞任**　2016年1月28日、甘利経済再生担当相が、週刊誌が報じた金銭授受疑惑を受け、大臣を辞任した。千葉県の県道工事をめぐり、建設業者と都市再生機構との間に起きたトラブルを解決した謝礼として、現金を直接受け取ったとされる。

かなあ」とは思うけど。ああいうのでも、けっこう十分なダメージだろうね。だから、「私を潰すことによって、利益を得る人は誰か」と考えると、思い当たることは幾つかあることはありますけどねえ。

里村　すでに、今日のお話のなかで名前は何度も出ましたけどね（笑）。

舛添要一守護霊　もう出てるけどね。もうだいたい、分かってると思います。

「攻め方がせこい」と語る舛添要一氏守護霊

舛添要一守護霊　ただ、どうなんでしょう。あなたがたもねえ？　まあ、公明党出身の都知事は、もちろん嫌でしょうけど、自民党でも、傀儡（かいらい）みたいな都知事だけを戴（いただ）くよりは、どうなんですかねえ。私なんかのほうが、やっぱり、いいでしょう。「金を使った」っていっても、みみっちいじゃないですか、額がねえ。もう、目に見えた額でさあ、そんなにね。もっとほんとに悪いやつだったらさあ、政治資金を持っていってラスベガスで賭博をやりますからね。そのくらいまでやりますから。そういうタイプじゃありませんから、私は。

例えば、渡米した理由は、「実はラスベガスで百万ドルを賭けてやってました」みたいなのだったら、これは、辞めなきゃいけないような事由だと思うけど、普通に外遊していることも知ってて、分かってる感じで、向こうで使った金とか、それから、ホテルに泊まった金とか、舛添の顔が入った、まあ、そのー……。

里村 「まんじゅう」ですかね（笑）。

舛添要一守護霊 「まんじゅうを九万円、政治資金で買っていいかどうか」とか。これはでも、確かに、客観的に見て微妙だとは思うけど。「舛添まんじゅう」は、ほかの人はそんなに買ってくれない可能性があるので（笑）、自分で買って撒かなきゃいけない可能性は高いものではあるけどねえ。
でも、せこいよねえ？　攻めるのも。

里村　狭いんですよね。常に、まんじゅうだとか、昔だと（ロッキード事件の）「蜂（はち）の一刺し」とか、そんなことばかりなんです。

「二〇二〇年東京オリンピック」に向けての〝謀略戦〟か

里村　やはり、われわれとしては、東京を世界一の都市にして、東京から日本の発展をつくる方（かた）、あるいは、福祉の問題も今までにない切り込みで解決ができるような方に、都政を委（ゆだ）ねたいと思います。もし、そのような方がいなければ、当然、われわれ、幸福実現党のほうからも出せるように努力するのみでございます。

舛添要一守護霊　うーん。まあ、結局、「二〇二〇年に誰が東京都知事をしてるか」

っていうところの争いなんでしょう。

要するに、あなたがたは、二〇二〇年に舛添要一が座ってるほうがいいのか。あるいは、下村某氏がそこに座ってるほうがいいのか。あるいは、スポーツ選手みたいなのが座ってるほうがいいのか。まあ、そんなようなところだよねえ。

里村　そうですよね。これは〝すごい戦い〟がもう始まっているわけですね。

舛添要一守護霊　まあ、始まってる。

里村　つまり、オリンピックが開催される二〇二〇年にホストシティ・東京の都知事だったり、日本の総理だったりした場合、その脚光の浴び方は尋常ではありませんので。

大川隆法
文部科学大臣
下村博文
守護霊インタビュー
大事なことは、財務省の予算、マスコミのムード!?
文部科学省トップの「衝撃の本音」とは。
同時収録 宗教真光 岡田光玉の霊言

下村氏の教育観・国家観・信仰観に迫る。
『文部科学大臣・下村博文守護霊インタビュー』
（幸福の科学出版刊）

舛添要一守護霊　ああ、そうそう。今、二〇一六年でしょう？

里村　ええ。

舛添要一守護霊　で、もう夏でしょう？　だから、これで私のクビが切れたら、夏に選挙ですよ。そうすると、オリンピックのとき、ちょうど二〇二〇年には、その人が（東京都知事を）やってる感じになりますからね。

里村　うーん。（笑）そうすると、「アスリート並みに、それに向けた戦いが始まっていて、その一つの謀略戦の表れが今回の事件だった」というように、守護霊様は考えられている……。

舛添要一守護霊　だから、本当のスキャンダルだったらねえ、何て言うの……。まあ、湯河原の別荘だのいうところに、私の研究所（舛添政治経済研究所）があるわけだけどね、そこに週末に帰ってただけですけども。

「そこに愛人を囲って、公用車を使って帰ってた」っていうんだったら、「それは、いちおうマスコミ的な叩き方になる」と、ある程度、言うてもしょうがないかなあと思うところはあるけど、「そこにいたのが奥さんでした」っていうんじゃ、ちょっとバカバカしくて、本当はマスコミネタにならないんだけども……。

里村　（笑）

舛添要一守護霊　何か、「湯河原の別荘に公用車で」っていうようなあたりで、けっこうみんなの嫉妬心を煽（あお）れるので……。

里村　なるほど。

舛添要一守護霊　そのあたりを使いたくてしょうがないんでしょう。広告だけ見て（内容を）読まない人は、いっぱいいるからさあ。印象だけだったら、みんな、そういうふうにイメージするじゃないの？

里村　はい。嫌らしい発想ですね。

舛添要一守護霊　当然そうだと思うじゃない？

里村　はい。

舛添要一守護霊　ねえ？　だから……。

里村　ああ……。「家族だって、政治的に機能してる場合もあるわけですよ」

舛添要一守護霊　いや、私だって、それは、女性遍歴を幾つか暴かれてはいるけども。

里村　いやいや、そんなことは、あまりこの場では……。

舛添要一守護霊　まあ、学者としては、やや精力があるほうではあるけども……。

里村　（笑）

舛添要一守護霊　でも、何て言うかねえ、そういう政治家の裏街道を渡るのがうまい人に比べりゃあ、それはまだクリーンなもんですよ。

里村　ええ、ええ、ええ、ええ。

舛添要一守護霊　いちおう、正当な恋愛の感情があってのことでありますので。

里村　うーん。

舛添要一守護霊　別れるのも、それは、いちおう、正当な理由があってのことですからねえ。

里村　うーん。まあ、愛人との旅行ではなくて、「家族旅行に使った」というケースですからね（苦笑）。

舛添要一守護霊　ええ。家族だってねえ、それは、「政治的に機能してる場合」もあるわけですよ。だから、何て言うか、全部、警察官だけが護ってくれてるわけじゃありませんのでね。

里村　ええ。そうですね。

首相公邸等に見る、「家族が一緒にいることが安全な理由」

舛添要一守護霊　例えば、首相官邸だって、そうでしょう？　首相官邸があって、首相公邸があるけど、今の首相だって、本当は困ってるでしょう。奥さん一人でねえ、家族がいないからさあ。

●首相官邸と公邸　首相が公務を行う建物を「官邸」、居住する建物を「公邸」といい、双方は隣接している。

里村　ええ。

舛添要一守護霊　普通、あれは、私邸のほう（首相公邸）になったら、公務員は入ってくれないんですよねえ。

だから、ほかの総理のときもよくあるように、もう自分の子供や、子供の家族、あるいは親戚の人とかを入れて、とにかく住まないと、警備上というか、連絡上も悪いですからね。秘書一人でいたら悪いから、住まわすでしょう？

そしたら、あれは橋本（龍太郎）総理のときだったかもしれないけど、奥さんをなかに住まわせたら、奥さんの外出、つまり、「買い物に行く」とか、「土日に出る」とかいうのには、やっぱり公用車は使えない。それは、「警備がつけない」っていう……。

これは、実は、それなりに困るので、親戚の者とか、いっぱい若い者を呼んで、つけなきゃいけないとかねえ。やっぱり、そういうように不自由なんです。すごく不自由にできてるのでねえ。

まあ、そんなのもあるように、私らだって家族がいるけど、私一人で動いてるよりは、やっぱり、家族がいるということで、安心感と安全感は多少あるわけですからねえ。

里村　はい。擁護する意味ではないですが、これは、やはり、政治の持っている一面だと思います。

そういう部分というのは、むしろ、マスコミが日本国民に知らしめなければいけないけれども、知らせません。だから、「政治家の方もそれをもっと語らないといけないな」と思いますね。

ただ、「マスコミが叩く」ので、なかなか語れませんけれども。

舛添要一守護霊　うん。まあ、自宅以外のどこか旅行先にいるときに、「家族が一緒にいる」ということで、けっこう、「スキャンダル隠し」というか、防止用にはねえ、普通、言い訳になるから、連れていってるほうが安全なことも多いんですけども……。

里村　はい。確かに。

舛添要一守護霊　それもスキャンダルみたいに言われたら、いや、もう厳しいですよねえ、本当に。

「言論人が都知事になれるのが、マスコミはうらやましい」

里村　そうすると、今回の事件というのは、「政治 対 マスコミ」と見るなかで、やはり、「第四権力」としてのマスコミが、「いかに大きくなっているか」、ある意味で、「いかに危険であるか」ということを示しているのかなと思うのですけれども……。

舛添要一守護霊　私も、ある意味で、組織人じゃないし、言論で有名になって出てきた人間だから、マスコミの側から見てもね、やっぱり、ちょっとうらやましい面もあるのかもしれない。

里村　ああ、なるほど。

舛添要一守護霊　そういう言論でやるような人が大臣になったり、都知事になれたりするのも、「うらやましい」っていうのがあるかも。

〝組織人〟で上がってきた場合は、だいたい護るものを、多少、持ってることが多いですからねえ。

一方で、私みたいな〝個人〟でやってるような者には、竹下（登）元総理みたいに、全責任を被って自殺してくれるような秘書もいないしね。

里村　うーん、なるほど。

舛添要一守護霊　そんな、私のために命を捧げてくれる人はいないからねえ。だから、ボロボロ、ボロボロ、出てくるわけでしょう。

すでにあるものを使ってやってると、東京都の職員だって、いろいろな知事に仕えてますし、本当は、いろいろな政党に属してる人もいますからね。

（そういう人も）立場上、使ってますから、情報なんか〝抜き放題〟ですよ。実は、他の政党の支持者、あるいは、某宗教の信者とかも、当然いますからね（笑）。だから、情報は〝抜き放題〟ですから。

「私も田母神さんのように〝奉納品〟になろうとしている」

里村　そうすると、今回の場合、元々の事件の発端は、やはり、都の職員あたりから話が流れた……。

舛添要一守護霊　そら、そうでしょう。そら、もちろん、その証拠は出してるけど、隠れた〝司令部〟がどこかは分からないですよねえ。

例えば、この前も、●田母神さんを逮捕に踏み切ったじゃないですか。「何か変なときに、北朝鮮（問題）で、もめてるときに逮捕する」という、あれもよく分からない動きですけども。少なくとも、官邸が絡んでるのは確実。確実に絡んでて、止めなかったんでしょう？

里村　そうですね。

●田母神さん逮捕に踏み切った……　2014年の東京都知事選で複数の運動員に報酬を払ったとして、2016年4月14日、元航空幕僚長の田母神俊雄氏が、公職選挙法違反の疑いで逮捕された。

舛添要一守護霊　法務大臣が指揮したのは間違いないので。安倍さんは、止めようと思えば、それを止められますからね。止めなかったのを見て、やっぱり田母神を〝生贄（いけにえ）〟に捧げて……。

あれは〝北朝鮮への奉納品（ほうのう）〟ですかね、知りませんけど。あるいは、〝中国への奉納品〟なのか知らんけど。何かご機嫌取りのようにも見えたけどもね。一斉逮捕させたじゃないですか。

「私も、なんか、どこかの〝奉納品〟に、今、使われようとしてて、〝奉納物〟になろうとしてるのかなあ」と思うけど、私のクビをどこに持っていけば、いちばん喜ぶんですかねえ?

他の人への厳しさを反省しつつ、「自分の付加価値」を訴える

里村　ただ、今日のお話をお聞きして、われわれは、本当に、「都知事のポストが、

オリンピックと絡めての部分や、外交の部分で目立ちすぎることに対して、官邸方面の反発がある」という側面を知ることができました。

舛添要一守護霊　確かに、私も、普段、厳しかったからねえ。大臣をやったときもあるけども、議員としても、あるいは、政治学者としても、意見するときに、どちらかと言ったら、辛口のことを言ってましたから。

「人に対して厳しかったら、そら自分に対しても当然だろう」っていうのは、あることで。お金に対しても、かなり厳しく言ってたから、「自分のことはできてないじゃないか」ということでしょうねえ。

だけど、「都知事の付加価値」っていうのが、なかなか算定できないんですよねえ。

里村　なるほど。

舛添要一守護霊　そんなの分からないもんね。「この人が都知事になることが、どれだけいいか」っていうのは。

だから、私なんかは、やっぱり、パリとか、いろいろな主要都市を見て、要人と会って、意見も聞きたいし、「東京オリンピックが、どうあってほしいか」とか考えたいし、防災都市として世界のトップを行く東京都としての示し(しめ)をつけたい。

それから、今、ヨーロッパは、みんなテロの警戒ですごく大変なことになってるから、日本も次は、それが来るかもしれないということでしょう？　「これに対して、どういう手を打つか」っていうのは、国際政治学者としても十分に答えなきゃいけないものだと思うので……。

里村　そうですね。

舛添要一守護霊　私は、「自分は（都知事に）ふさわしい」と思うんですが、私が、例えば、旅行で家族と泊まってたことが、「公私混同で駄目だ。政治家的資質がない」っておっしゃる方は、では、私が、都庁の秘書や運転手たちと一緒に泊まったら、「それは構わないんでしょうか」って……。

それはそれで、また言うんじゃないでしょうか。「私用に、役所の人間を使った」と言われるんじゃないでしょうかねえ。きっと、そういうふうに言うんでしょうね。まあ、それは、〝因縁（いんねん）のつけ方〟ということでございましょうけど、「人にきつく言った者は自分も言われる」と。

「幸福の科学の役員は、油断してるよ。まだ油断してる」

舛添要一守護霊　だから、大川さんも、最後まで生き延びるのかどうかは知りませんが……。

里村　いや、いや、いや、いや。

舛添要一守護霊　マスコミに対しても、かなり厳しい発言をなされてるから、最後は、どこか、立木さんのところあたりなんか、尻尾をつかまれて、何かやられるんやら。（里村に）あなたのねえ、「酒を飲み過ぎて、最近、太ってきた」っていう話があるけど……。

里村　いえいえ（苦笑）。そんなことはないですよ。

舛添要一守護霊　そのへんの、「どういう〝裏酒〟を飲んで、そうなってるのか」みたいなあれですねえ。突如、あなたの尿酸値とか、脂肪の数値とかが、週刊誌に載って……。

里村　いえ。都知事、もう私のスキャンダルは結構でございますので……（苦笑）。

舛添要一守護霊　おお、君らねえ、油断してるよ。まだ、油断してる。

里村　はい、ありがとうございました。

舛添要一守護霊　「そんな、幸福の科学の職員で役員っていったって、（マスコミは）普通の大会社の重役みたいに思ってないから大丈夫だ」と安心し切ってるだろう？

里村　いやいや、そういう意味ではありません。

舛添要一守護霊　それが〝甘い〟んだよ、君ねえ。

里村　はい。

舛添要一守護霊　「幸福の科学の広報・危機管理担当の専務がねえ、こんなことしてるんですよ。みなさんご存じですか」ってやられたら、十分に面白いんだよ。

里村　ええ。「汗顔(かんがん)の至(いた)り」でございますけれども。

舛添要一守護霊　大川さんでも三年ぐらい苦しむよ、たぶん。

里村　（苦笑）はい。

10 「政治の生み出すものを、もう少し見てほしい」

事件の背景に潜む「政治的な力学」が述べられた今回の霊言

里村　守護霊様、今日は、いろいろとお話を頂きまして……。（他の質問者に）もう、よろしいですか?　はい。

舛添要一守護霊　いや、〝逃げ方〟を教えてよ。あと、どう過ごしゃいいのか。月曜日（明後日の二〇一六年五月二十三日）から怖いんだけど。

綾織　まあ、政治的には、どこかで〝手打ち〟があるとは思います。

舛添要一守護霊　「入院する」っていうのは、私、嫌なんです。入院とかは、私は、かっこ悪いので、したくないんだけど。

里村　いえ。やはり、正しいと思うところを、述べるべきときは述べたほうがよろしいと思います。

舛添要一守護霊　うーん。

里村　ですから、今日の都知事の守護霊様の話も、また……。

舛添要一守護霊　少しは言えたでしょう?

里村　はい。多くの方が読むことによって、「必ずしも逃げばかり打っているわけではないのだ」というところなどはご理解いただけますし、こうしたスキャンダルの背景に潜む、さまざまな「政治的な力学」を知っていただくことで、また、情勢が変わってくると思います。

舛添要一守護霊　家族と一緒に移動するのも、警備上や連絡上、その他……。まあ、私のほうだって年が六十七ですから、病気をすることもあるし、やっぱり、万一のときもあるからねえ。

それから、都庁の職員を使うといっても、便利なときもあれば、その情報が筒抜けのところもあるから。結局、今回も、運転手の記録が全部、どこからどこまで、いくら走って、ガソリン代まで計算されるという……。

里村　難儀なものですね。

舛添要一守護霊　いやあ、きつい。

まあ、大川先生は、このガソリン代とか、〝舛添まんじゅう〟ぐらいは、たぶん目をつぶってくれるだろう。「ほどほどにしときなさい」ぐらいで終わりなんでしょうけどねえ。

里村　やはり、政治は、要は結果責任が大事でございますから、その成果の部分をこれからも……。まあ、少し体は痛かったり、まだ厳しい状態は続いたりしますけれども。

舛添要一守護霊　いや、眠れませんよ。だから、週末、本当は湯河原に行きたいところなんだけど、行けないじゃないですか（苦笑）。

里村　今回の守護霊霊言が、おそらく本になって、多くの人の目に触れていくと思いますので、どうか少しご安心いただいて、お帰りいただきたいと思います。

舛添要一守護霊　うーん……。「自宅の風呂は、足が伸ばせないんだ。湯河原のところは少し広いので、足を伸ばせるんだ」ぐらいの理由は通らないんだよなあ。

里村　まあ、今日は、ゆっくり足を伸ばしてお休みいただきたいと思います。

舛添要一守護霊　うーん。

「都知事外交が生意気だという考えに、私は納得していない」

舛添要一守護霊　いや、明日は君らにかかることだからさあ、何かよく考えて……。

里村　分かりました。

舛添要一守護霊　やっぱりねえ、「このくらいはいいじゃないか」って、防波堤をつくっとかんと、これを破られると……。

まあ、猪瀬さんが（辞めるときに）あんまり簡単すぎたので、甘く見られてるんだと思うね。やっぱりねえ、都知事にだって根性あるところを見せたいと思うので、何かとりあえず、世論づくりの一角というかねえ……。

まあ、君たちは「クリーン」を標榜したほうが票が取れるのかもしれないとは思うけども、なんかねえ、やっぱり、「政治の生み出すものを、もう少し見てほしいなぁ」と……。

里村　はい、分かりました。

舛添要一守護霊　だから、「都知事外交が生意気だ」という考えに、マスコミが全部、便乗するのには、私は納得してないので。やっぱり、「(都知事を) やるべき人が国をお助けする」ことも大事なんじゃないかと思ってるし、東京は国際都市ですから、「世界一の都市になりたい」と思ってますのでね。

まあ、そのへんは、おたく様(幸福の科学)とも連携できる部分だと、きっと思うので、危機管理担当、ひとつ、何分(なにぶん)、こちらのほうもよろしく……。

里村　分かりました。今日はとりあえず、あえて批判がましいことは申さずに、お話を承(うけたまわ)りました。ただ、今後……。

舛添要一守護霊　〝ちょっとは違う〟でしょう、それでも。

里村　今後のご努力を、われわれもまた見守らせていただきたいと思います。

世の中に変化を与えている大川隆法の「霊言」

舛添要一守護霊　まあ、多少、味方が欲しいよねえ。

例えば、大川隆法さんは、小保方（晴子）さん援護の守護霊霊言（『小保方晴子さん守護霊インタビュー　それでも「STAP細胞」は存在する』『小保方晴子博士守護霊インタビュー——STAP細胞の真偽を再検証する——』（共に幸福の科学出版刊））を二冊出して、今、やっと小保方さんを応援するものもちょっと出てき始めたので、いや、私は株を上げたと思いますよ。

やっぱり、「単独で、批判をものともしないで、正しいと思ったら応援した」って。

『小保方晴子博士守護霊インタビュー——STAP細胞の真偽を再検証する——』（幸福の科学出版刊）

『小保方晴子さん守護霊インタビュー　それでも「STAP細胞」は存在する』（幸福の科学出版刊）

里村　昨日（二〇一六年五月二十日）も、プーチン大統領が、「平和条約交渉のなかで、北方領土の解決に向け、話し合いたい」というようなことを明言したりしています（『プーチン 日本の政治を叱る』〔幸福の科学出版刊〕参照）。

舛添要一守護霊　おお、おお、おお。

里村　だから、今回も……。

舛添要一守護霊　そう、だから、舛添も今、もう〝袋叩き〟のなかで、「舛添さんは、いい人だ」と言うてくれるっていうのは、これだけでも、人物眼があるかどうかをすごく試されるところだよね。

里村　ですから、今回の守護霊霊言が世に問われることで、おそらくまた、いろい

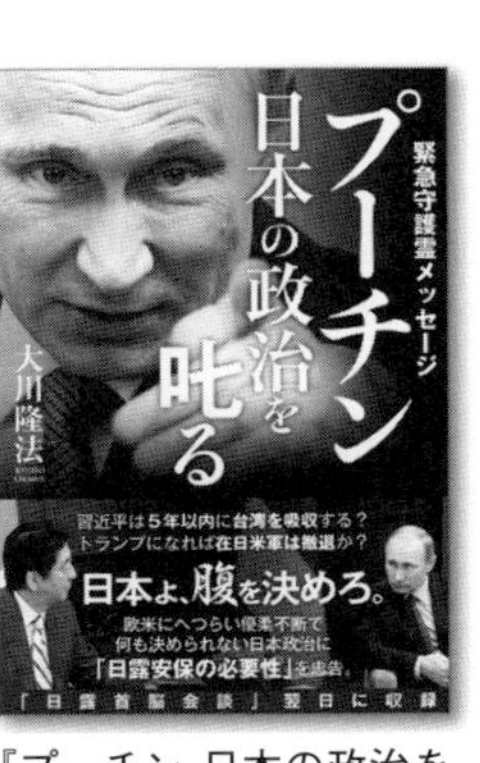

『プーチン 日本の政治を叱る』（幸福の科学出版刊）

ろなものが変化してくると思います。

舛添要一守護霊　そんな悪いこと、私、しませんから。いちおう、そういう細かい技術的なことで嫉妬をかき立てられてるだけで、大きなところで、そんなにやるほどの度胸(どきょう)もありませんので。

里村　分かりました。

舛添要一守護霊　田中角栄みたいに、「列島改造」をやってね、「列車を引く土地をあらかじめ買って、それを転がして儲けよう」なんて、そんな野心はもうないよ。ちっちゃい、ちっちゃい話ですから。

里村　はい。

舛添要一守護霊　本当に、「ケチだ」と言われてるぐらい……。本当にケチってるのは、学者は金がないからですよ。

里村　はい（笑）。

舛添要一守護霊　しょうがないですよねえ。

里村　ええ、分かりました。今日は、お忙しいなか、お話を賜り、ありがとうございました。

舛添要一守護霊　はい、ありがとう。

11　舛添要一氏守護霊の「弁明」を終えて

大川隆法　（手を三回叩く）やはり、懐に飛び込んできている者は、多少、かばわないといけないところもあるかもしれませんね。

里村　はい。

大川隆法　ただ、あそこまで言われると、どうしたものでしょう。弁護ができるような弁護士がいるでしょうか。今、やっているのかもしれませんが、どのように弁護するのでしょうか。まあ、〝中央突破〟してもいいとは思うんですけどね。

里村　やはり、守護霊様が言ったことそのままを、まず、世に問うていくことが大事かもしれません。

大川隆法　いやあ、それが必要だと思いますね。それに、都知事にはそれくらいの覚悟がないと、「世界ナンバーワンの東京都」とは言えないでしょう。それくらい開き直ってもいいいと思うんですよ。

里村　はい。

大川隆法　都知事がスイートに泊まるぐらい、別に構わないし、旅行のときには、いろいろな事情があるわけです。

公用車についても、都知事と周りの人が、それが必要だと考えるなら、つけてもいいと思います。やはり、全部タクシーを使われても困るところもあるでしょう。

それで、情報が抜けるかもしれませんしね。

まあ、タクシーを(情報収集に)使う、〝某政党 兼 某宗教〟もありますが、それで、いろいろ罠(わな)にかかってもいけないし、盗聴されてもいけないわけです。

里村　はい。

大川隆法　確かに、どうしても許せないようなことをやったというのなら、しかたないかもしれません。例えば、「明確な意図を持って、都の予算を利用して、何かに使った」というのならともかく、「普通に付随する仕事のなかで出てきたお金について、そのアローワンス(許容範囲)が、どの程度あるか」という認定の問題なわけです。それを、庶民の財布感覚で比較して、「どうだ? どうだ? バブルじゃないか」という感じで責めるのは、どうでしょうか。

また、「功績のほうは、どうなんだ」という話が、特に出てきません。

里村　はい。

大川隆法　ただ、このあたりの扱いは、総理の場合も同じでしょう。総理も、「功績」は書かれずに、「批判」だけが書かれるので、気持ちは一緒でしょう。

　今回の霊言は、総理のほうを悪く言ったように聞こえたかもしれませんが、おそらく立場上は一緒だろうとは思います。

里村　はい。

大川隆法　やはり、ある程度、そのあたりの目が必要でしょう。

　要するに、「どの程度の仕事をしていて、このくらいのところは許容範囲に入っている」と見るか。「まったく仕事をしていないのに、遊び金で使っている」と見るか。このあたりのところを見る目があるかどうかは、「大人かどうか」の判断の基準かなとは思いますけどね。

里村　はい。

大川隆法　まあ、応援になったかどうかは分かりませんが、とりあえずは、「守護霊の弁明」をさせていただきました。

里村　はい。ありがとうございました。

あとがき

舛添要一氏は、さぞかし心労しておられることだろう。国際政治学者として都知事として、できることとは何かを深く考えられたにちがいない。

一方、大阪都問題、沖縄県知事の反乱、東京都知事の出色の外交感覚などが官邸をナーバスにしていたことは間違いなかろう。

都知事の金銭感覚を攻めることで、参院選対策として景気への国民の不満のガス抜きができると考えた御仁がいたとしてもおかしくない。

本書はスピリチュアルな書であるが、他方において、きわめてジャーナリスティックかつ政治学的な本でもある。

物事の本質を考えるための参考書として下されば幸いである。

二〇一六年　五月二十一日

幸福の科学グループ創始者兼総裁
幸福実現党創立者兼総裁　大川隆法

大川隆法著作関連書籍

『守護霊インタビュー　都知事　舛添要一、マスコミへの反撃』

『舛添要一のスピリチュアル「現代政治分析」入門』（幸福の科学出版刊）
『守護霊インタビュー　朴槿惠韓国大統領　なぜ、私は「反日」なのか』（同右）
『熊本震度7の神意と警告――天変地異リーディング――』（同右）
『元朝日新聞主筆　若宮啓文の霊言』（同右）
『文部科学大臣・下村博文守護霊インタビュー』（同右）
『小保方晴子さん守護霊インタビュー　それでも「STAP細胞」は存在する』（同右）
『小保方晴子博士守護霊インタビュー――STAP細胞の真偽を再検証する――』（同右）
『プーチン　日本の政治を叱る』（同右）
『小渕恵三元総理の霊言』（幸福実現党刊）

守護霊インタビュー
都知事　舛添要一、マスコミへの反撃

2016年5月24日　初版第1刷

著　者　大川隆法

発行所　幸福の科学出版株式会社

〒107-0052 東京都港区赤坂2丁目10番14号
TEL(03)5573-7700
http://www.irhpress.co.jp/

印刷・製本　株式会社 研文社

落丁・乱丁本はおとりかえいたします

ISBN978-4-86395-798-5 C0030
カバー写真：時事
本文写真：時事／時事通信フォト朝日航洋

大川隆法霊言シリーズ・マスコミのあり方を検証する

元朝日新聞主筆 若宮啓文の霊言

朝日の言論をリードした人物の歴史観、国家観、人生観とは。生前、「安倍の葬儀はうちで出す」と言ったという若宮氏は、死後 2 日に何を語るのか。

1,400 円

「週刊新潮」に巣くう悪魔の研究

週刊誌に正義はあるのか

ジャーナリズムに潜み、世論を操作しようとたくらむ悪魔。その手法を探りつつ、マスコミ界へ真なる使命の目覚めを訴える。

1,400 円

「WiLL」花田編集長守護霊による「守護霊とは何か」講義

霊言がわからない──。誰もが知りたい疑問にジャーナリストの守護霊が答える！ 宗教に対する疑問から本人の過去世までを、赤裸々に語る。

1,400円

幸福の科学出版

大川隆法霊言シリーズ・政治家の本音に迫る

守護霊インタビュー 石原慎太郎の本音炸裂

「尖閣・竹島問題」から「憲法改正」「政界再編」まで──。石原慎太郎氏の「本音」を守護霊に直撃!! 包み隠さず語られたその本心に迫る。【幸福実現党刊】

1,400円

天才の復活 田中角栄の霊言

田中角栄ブームが起きるなか、ついに本人が霊言で登場! 景気回復や社会保障問題など、日本を立て直す「21 世紀版 日本列島改造論」を語る。【ＨＳ政経塾刊】

1,400 円

自民党諸君に告ぐ 福田赳夫の霊言

経済の「天才」と言われた福田赳夫元総理が、アベノミクスや国防対策の誤りを叱り飛ばす。田中角栄のライバルが語る"日本再生の秘策"とは!?【ＨＳ政経塾刊】

1,400 円

※表示価格は本体価格（税別）です。

大川隆法ベストセラーズ・地球レベルの正義を求めて

正義の法

法シリーズ
第22作

憎しみを超えて、愛を取れ

テロ事件、中東紛争、中国の軍拡――。あらゆる価値観の対立を超える「正義」とは何か。著者2000書目となる「法シリーズ」最新刊！

2,000円

世界を導く日本の正義

20年以上前から北朝鮮の危険性を指摘してきた著者が、抑止力としての日本の「核装備」を提言。日本が取るべき国防・経済の国家戦略を明示した一冊。

1,500円

現代の正義論

憲法、国防、税金、そして沖縄。
――『正義の法』特別講義編

国際政治と経済に今必要な「正義」とは――。北朝鮮の水爆実験、イスラムテロ、沖縄問題、マイナス金利など、時事問題に真正面から答えた一冊。

1,500円

幸福の科学出版

幸福の科学グループのご案内

宗教、教育、政治、出版などの活動を通じて、地球的ユートピアの実現を目指しています。

幸福の科学

一九八六年に立宗。信仰の対象は、地球系霊団の最高大霊、主エル・カンターレ。世界百カ国以上の国々に信者を持ち、全人類救済という尊い使命のもと、信者は、「愛」と「悟り」と「ユートピア建設」の教えの実践、伝道に励んでいます。

（二〇一六年五月現在）

幸福の科学の「愛」とは、与える愛です。これは、仏教の慈悲（じひ）や布施（ふせ）の精神と同じことです。信者は、仏法真理をお伝えすることを通して、多くの方に幸福な人生を送っていただくための活動に励んでいます。

悟り

「悟り」とは、自らが仏の子であることを知るということです。教学（きょうがく）や精神統一によって心を磨き、智慧（ちえ）を得て悩みを解決すると共に、天使・菩薩（ぼさつ）の境地を目指し、より多くの人を救える力を身につけていきます。

ユートピア建設

私たち人間は、地上に理想世界を建設するという尊い使命を持って生まれてきています。社会の悪を押しとどめ、善を推し進めるために、信者はさまざまな活動に積極的に参加しています。

国内外の世界で貧困や災害、心の病で苦しんでいる人々に対しては、現地メンバーや支援団体と連携して、物心両面にわたり、あらゆる手段で手を差し伸べています。

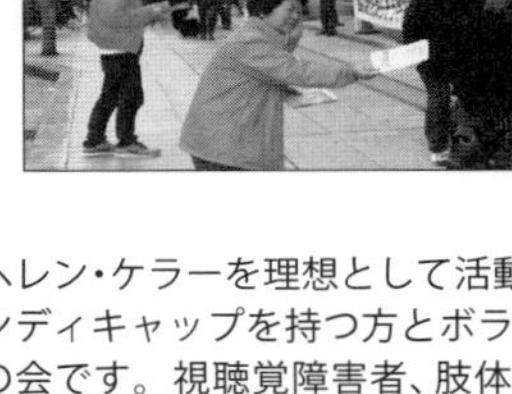

年間約３万人の自殺者を減らすため、全国各地で街頭キャンペーンを展開しています。

ヘレン・ケラーを理想として活動する、ハンディキャップを持つ方とボランティアの会です。視聴覚障害者、肢体不自由な方々に仏法真理を学んでいただくための、さまざまなサポートをしています。

公式サイト **www.helen-hs.net**

INFORMATION

お近くの精舎・支部・拠点など、お問い合わせは、こちらまで！

幸福の科学サービスセンター

TEL. 03-5793-1727（受付時間 火～金：10～20時／土・日・祝日：10～18時）

幸福の科学 公式サイト happy-science.jp

ハッピー・サイエンス・ユニバーシティ

Happy Science University

ハッピー・サイエンス・ユニバーシティとは

ハッピー・サイエンス・ユニバーシティ（ＨＳＵ）は、大川隆法総裁が設立された「現代の松下村塾」であり、「日本発の本格私学」です。
建学の精神として「幸福の探究と新文明の創造」を掲げ、
チャレンジ精神にあふれ、新時代を切り拓く人材の輩出を目指します。

学部のご案内

人間幸福学部

人間学を学び、新時代を切り拓くリーダーとなる

経営成功学部

企業や国家の繁栄を実現する、起業家精神あふれる人材となる

未来産業学部

新文明の源流を創造するチャレンジャーとなる

未来創造学部

2016年4月開設

時代を変え、未来を創る主役となる

政治家やジャーナリスト、ライター、俳優・タレントなどのスター、映画監督・脚本家などのクリエーター人材を育てます。※

※キャンパスは東京がメインとなり、２年制の短期特進課程も新設します（４年制の１年次は千葉です）。2017年3月までは、赤坂「ユートピア活動推進館」、2017年4月より東京都江東区（東西線東陽町駅近く）の新校舎「HSU未来創造・東京キャンパス」がキャンパスとなります。

住所 〒299-4325 千葉県長生郡長生村一松丙 4427-1
TEL.0475-32-7770

教育

学校法人 幸福の科学学園

学校法人 幸福の科学学園は、幸福の科学の教育理念のもとにつくられた教育機関です。人間にとって最も大切な宗教教育の導入を通じて精神性を高めながら、ユートピア建設に貢献する人材輩出を目指しています。

幸福の科学学園

中学校・高等学校（那須本校）
2010年4月開校・栃木県那須郡（男女共学・全寮制）
TEL 0287-75-7777
公式サイト happy-science.ac.jp

関西中学校・高等学校（関西校）
2013年4月開校・滋賀県大津市（男女共学・寮及び通学）
TEL 077-573-7774
公式サイト kansai.happy-science.ac.jp

仏法真理塾「サクセスNo.1」 TEL 03-5750-0747（東京本校）
小・中・高校生が、信仰教育を基礎にしながら、「勉強も『心の修行』」と考えて学んでいます。

不登校児支援スクール「ネバー・マインド」 TEL 03-5750-1741
心の面からのアプローチを重視して、不登校の子供たちを支援しています。
また、障害児支援の**「ユー・アー・エンゼル!」運動**も行っています。

エンゼルプランV TEL 03-5750-0757
幼少時からの心の教育を大切にして、信仰をベースにした幼児教育を行っています。

シニア・プラン21 TEL 03-6384-0778
希望に満ちた生涯現役人生のために、年齢を問わず、多くの方が学んでいます。

NPO活動支援

学校からのいじめ追放を目指し、さまざまな社会提言をしています。また、各地でのシンポジウムや学校への啓発ポスター掲示等に取り組む一般財団法人「いじめから子供を守ろうネットワーク」を支援しています。

公式サイト mamoro.org
相談窓口 TEL.03-5719-2170
ブログ blog.mamoro.org

政治

幸福実現党

内憂外患（ないゆうがいかん）の国難に立ち向かうべく、二〇〇九年五月に幸福実現党を立党しました。創立者である大川隆法党総裁の精神的指導のもと、宗教だけでは解決できない問題に取り組み、幸福を具体化するための力になっています。

幸福実現党 釈量子サイト
shaku-ryoko.net

Twitter
釈量子@shakuryoko
で検索

党の機関紙
「幸福実現NEWS」

幸福実現党 党員募集中

あなたも幸福を実現する政治に参画しませんか。

- 幸福実現党の理念と綱領、政策に賛同する18歳以上の方なら、どなたでも党員になることができます。
- 党員の期間は、党費（年額 一般党員5千円、学生党員2千円）を入金された日から1年間となります。

党員になると

党員限定の機関紙が送付されます。
（学生党員の方にはメールにてお送りします）
申込書は、下記、幸福実現党公式サイトでダウンロードできます。

住所：〒107-0052
東京都港区赤坂2-10-8 6階
幸福実現党本部

TEL **03-6441-0754**
FAX **03-6441-0764**
公式サイト **hr-party.jp**
若者向け政治サイト **truthyouth.jp**

出版メディア事業

幸福の科学出版

大川隆法総裁の仏法真理の書を中心に、ビジネス、自己啓発、小説など、さまざまなジャンルの書籍・雑誌を出版しています。他にも、映画事業、文学・学術発展のための振興事業、テレビ・ラジオ番組の提供など、幸福の科学文化を広げる事業を行っています。

アー・ユー・ハッピー？
are-you-happy.com

ザ・リバティ
the-liberty.com

幸福の科学出版
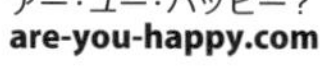
TEL **03-5573-7700**
公式サイト **irhpress.co.jp**

THE FACT

ザ・ファクト
マスコミが報道しない「事実」を世界に伝えるネット・オピニオン番組

Youtubeにて随時好評配信中！

ザ・ファクト 検索

NEW STAR PRODUCTION
ニュースター・プロダクション

ニュースター・プロダクション（株）は、世界を明るく照らす光となることを願い活動する芸能プロダクションです。二〇一六年三月には、ニュースター・プロダクション製作映画「天使に〝アイム・ファイン〟」を公開。

映画「天使に〝アイム・ファイン〟」のワンシーン（下）と撮影風景（左）。

公式サイト
newstar-pro.com